見知らぬ日本

境界の文学

見知らぬ日本

グリゴーリー・ガウズネル

Григорий Осипович Гаузнер

伊藤愉 訳

共和国

『新潮』1927年7月号に掲載された「日露芸術家の会談」。

八百善にて、開催日時は未詳。

後列左から中村武羅夫、小山内薫、Г・ガウズネル、昇曙夢、Н・プーニン、米川正夫、広津和郎。

前列左からД・アルキン、В・ブブノヴァ、В・ドヴガレフスキー、Е・スパルヴィン、
Е・テルノフスカヤ、芥川龍之介、蔵原惟人。（РГАЛИ, ф. 2606, оп. 2, ед. хр. 403, л. 8）

見知らぬ日本

目次

一、本書は、*Григорий Осипович Гаузнер.* Невиданная Япония. М., 1929 の全訳である。

一、原註は、（1）（2）（3）……で示し、一四九頁以降に掲出した。

一、〔　〕内はすべて訳註である。比較的長い訳註については、＊1、＊2、＊3……で示し、一五〇ページ以降に掲出した。

一、本州を横切って

僕は汽船「かごまる」の甲板に出る。日本の朝だった。風が袖口を膨らませてくる。汽船の側を、日本という陸地に誘なう破片《かけら》たちが、その小さな島々が水面にぷかぷかと漂っていた。かの群島のささやかな模造品《レプリカ》だ。石まじりの青い土地には、日本松がたち並んでいた。記念品の押し花のように押しつぶされ、幹はジグザグに折れ曲がっている。まるで地面から稲妻が飛び出しているみたいだった。その高さは僕たちの首あたりまであった。見事なこの松は四層に折れ重なって、その複雑な形は日本の文字そのものだった。日本語が分かっていれば、僕はきっとこの松の並びが書き記す日本への序文を読むことができたのだろう。

実際、いまの日本とはどんな場所なのか。五分後には僕はそれを正確に知ることになるのだけれど、このときはまだ思い巡らすだけだった。僕はまず小説に描かれているようなエキゾチックな日本を思い浮かべる。〔障子や襖などの〕紙でつくられた家、三味線を持ったゲイシャ、ばら色の火山、みかん畑、茶の儀式《セレモニー》、五百年前から続く劇場、人力車《リキシャ》、着物に扇子の人々、先祖代々の寺社、ヨシワラ、ハラキリ、ミカド、柔術《ジウジツ》（思い浮かんだのはまあこんなところだった）。それから僕は、プレトネル[*1]教授とヴィレンスキー＝シビリャコフ[*2]教授が書いていた労働者《ブルーカラー》たちの日本を想像する。トラスト、コンツェルン、二〇九の労働団体、労農党、ストライキ、農業争議、左翼系出版物、プロレタリア文学。

昂ぶる気持ちを抑える。もちろん紙の家やゲイシャはすでに過去のものだ。でもそのことがプロレタリア文学の存在を証《あか》しているわけではない。人力車は遠い昔に廃《すた》れ、着物やゲタも今はもう使われていないとしても、それならどんな左翼系の出版物が日本にあるというのだろう。もちろん、孔子だってとうに忘れさられている。でも、プレハーノフはいまだ知られていない。冷静でいなければ、それこそが正しい態度だ。

ところが、ああ、日本に着いて最初の二週間で僕のこの冷静さはこなごなにくだけ散った。そう、対極に位置するこの二つの日本はそのどちらもここに在る。ゲイシャとプロレタリア文学、紙の家と商業地区の高層建築、茶の儀式《セレモニー》とロシア風の外套に身を包んだ学生たち、孔子は版を重ね、プレハーノフだって翻訳されていた。全部あった。過去が未来と混ざり合っていた。これこそが今日のアジアのスタイルだった。高等学校《ギムナジウム》で、ミカドは神の子孫です、と教えられた学生たちはこっそりブハーリンを読んでいる。貧乏学生たちはダダイズムについて議論し、ビルの所有者《オーナー》や汽船会社の社長たちは九世紀の中国詩人たちの詩を朗読しながら一息つく。でもこのスタイルはアジアに限った話でもない。ソ連を訪れる誇り高きアメリカ人記者のことを思い浮かべてみよう。彼は冷静沈着であろうとする。「ロシアのエキゾチズムはすでに消え失せた。サモワール、オオカミ、コサック、雪、煙突小屋、トロイカはもはや存在しない」、そう彼は考えている。社会主義のさまざまな要素、農村経済共同体、新しい倫理《モラル》、巨大プロジェクトの存在も彼は信じていない。それもまたつくり話だろう、と。そう、彼は冷静な人間だから。そしてソ連にやってくる。そして翌日にはもう雪の中をトロイカに乗せられ、典型的な農民共同体《コミューン》に連れていかれる。机の上に置かれたラジオの拡声器の隣で、ばかでかいサモワールが沸いている。勘が鈍い人間はただただ混乱するだろう。だが、思考を止めさえしなければ、これこそが十八世紀から二十一世紀へと一気に跳躍する国のスタイルなのだと理解する。

僕の日本での旅はこうやって始まった。

汽船は敦賀湾に入港する。岸辺にうららかな家屋が並んでいる。鱗状の屋根、格子状の壁、ひさしの下に太鼓腹の灯火。そして桟橋。税関職員と警察官は世界中どこにいても感じが悪い。五人の通信員たちが乗客に飛びかかり、半裸の荷夫は僕のトランクを引きずっていく。

僕は自分の足で日本の地に立っていた。これは夢じゃない。

通信員の一人が敦賀を案内してくれた。寺院、公共会館、映画館。そして最後に彼の家に行く。ある部屋は、四方の壁が動くようになっていた。僕たちはブーツを脱ぎ、ゴザが敷かれた床によじ上る。目ざといヨーロッパ人の僕は、家主の靴下の穴に気がついてしまう。彼はしゃがみ込んで（椅子はなかった）、汽船が運び込んだニュースを伝えるため、編集部に電話している。家主の妻は、僕の前で膝をついて、床の上にお茶を出してくれ、それから電話でタクシーを呼ぶ。彼女の髪型は瘤のように二段構えになっていた。いま読んでいる本は、日本語に訳されたツルゲーネフだという。版画の中の日本人女性のようだった。

電気駆動の列車が小さな敦賀駅の湾曲した穹窿の下から出発する。

耕された田んぼ。その上をウエールズの火星人のように四本足の鉄塔が跨ぐ。自転車に乗った人々が、播種された畑の間の細い道を走っていく。一〇キロメートルごとに靴の会社《トラスト》の巨大な看板があった。見渡せば、つやのある緑葉、美しい木々、そして稲妻のような雪溪が走る山々に囲まれて、いたるところに工場の煙突がそびえている。そそり立つその円柱の並びは、封建制の日本を打ち負かした資本の勝利を謳っていた。

美しく耕された田んぼが、列車の脇を途切れることなく這いまわっている。皿に盛りつけられたサラダのように。そこに、ノートのように罫線が引かれている。緑と黒のニュアンスで彩られている。積みあげられた段丘の構造は完璧で、階段のように、そこを上がっていくこともできそうだった。幾世代に亘る農民たち、そうした日本の扶養者たちが、原始的な道具を使って建造した農業会館の深緑の階段だった。彼らの汗と血の上にこの国の工業化は実現した。

農民たちはいまも同じ場所を歩きまわり、藁で出来た上っ張りに身を包んでいる。藁の中から出てきたかのように、干し草の山が木靴を履いて歩いている。麦わら帽子の下には銅の顔が見え隠れしていた。皆、犂のように地面に埋まっている。

日本人には一〇のアジア民族が混じり合っている。しかし、日本の農民たちは自分たちの系譜を穴居民族の一つ――タケル〔日本武尊〕の直系、純系と捉えている。

一人の農民が顔を上げ、走り過ぎる列車に目をやる。平坦い鼻と分厚い顎を備えた丸顔だった。都会にいる日本人とは似ても似つかない。とはいえ、それが彼なのかどうかが僕には分からない。もしかしたら彼女かもしれない。女性と男性を見分けることは不可能だった。彼らは同じ服を来て、同じ作業をしている。帽子のつば《ポーレ》もとても広い。実際の大地《ポーレ》と同じように、そこに米を蒔くことだってできるだろう。米！　この白い穀物のせいで、簑をかぶったモグラたちは一年の三百六十日は泥濘《ぬかる》んだ土地に群がる。日本全国、一日三度、米が食べられている。

田んぼは列車に併走してどこまでも延びていく。

特急列車は足を速める。窓際を疾走する大地は、大地であることをやめ、惑星を覆うなめらかな表皮となる。あらゆる点が後方へと走り去る線の中に溶けていく。足元で車両の床が小刻みに跳ね蠢いていて、地球の自転を感じているみたいだ。車両は身を震わせ、内側にある金属製の筋肉が青いラシャ革の下で音をたてながら伸び縮みする。車両の壁が振動する。車両の上部に渡された網棚でバナナの房と黄色い旅行鞄が跳ねている。青いラシャで覆われた床には、並んだ漏斗のように、てかてかと輝く赤銅の痰壺の列が伸びている。車両のドアの半分は毛羽立ったガラスがはめ込まれている。ビロード張りの座席の下にはブーツが並び、その持ち主たちは座席の上に足をのせている。彼らは自宅でしゃがむことに慣れていて、列車のなかでも自分たちの習慣を手放したくないのだ。二十年前の日本では、車両の窓には白い縞が描かれていた。初めて乗車する客が、ガラスに気づかないまま額で割ってしまわないように。遙か昔の無邪気な時代の話だ。鉄道もまた、その他のヨーロッパ的なものと同様、習慣と結びつき、姿を替え、日本化され、彼ら独自の方法で移植されている。

僕の向かいに、一組の夫妻が座っていた。座席の下には旦那の尖ったブーツと夫人のゲタがある。男性のほうは、おろしたてのアメリカ風な洋服を着て、銅のフックには彼の帽子がゆらゆら揺れていた。女性は、背中に巨大な帯をつけた着物を着て、髪は二段構えに角張り、たわんだ櫛と、ピンクと緑のリボンで飾りつけられている。典型的な日本人の夫婦だ。こうした夫婦はそこかしこで目にすることができる。たいてい、男性は灰色の洋服と柔らかい帽子をかぶり、動きは機敏で、アメリカ的に訓練《トレーニング》された都会人。女性は、小柄で穏やか、腰高く帯を結び、子どもを背負い、木製の小さな足置きのゲタを鳴らしている。いま、目の前にいる夫婦にも子どもがいた。白い服を着た青銅色の肌をした五歳くらいの男の子だった。彼はゼンマイ仕掛けの戦車で遊び、ねじを回し、それを床に放つ。戦車は痰壺やオレンジの皮で出来た山々を走りまわる。黄色い軍服に身を包んだ士官が隣の座席から少年をやさしく見守っている。

僕の後ろで、シートの上に寝そべり、裸足をこちらの背もたれに引っ掛けているのは、グレースーツに身を包み、足の先まで日本に染まったアメリカ人紳士《ジェントルマン》だ。彼は日本人のように裸足で、ヤンキーのように無作法だ。ときおり株価指数票に目をやりながら、メモ帳に何がしかの算段を書きつけ、暇があればオレンジやバナナを貪り、食べ終わった皮が床を埋め尽くしていく。車両の給仕がちりとりを手に、分刻みに忙しなく片付けていたが、ついに絶望して姿を消した。そして一〇分後、巨大な水盤を持って現れ、そこに果物の皮を次々と放り込む。紳士は彼を呼び止め、水盤に痰を吐き、計算を続けた。それからなんと、メモ帳を脇に置くと、シートの上に立ちあがり、トランクを開け、何かを取り出し……。なんてこった！ なにをしているんだ！ ありえない！ ズボンを取り出して、ボタンを外しだした。女性たちは落ち着きはらって、そっぽを向いている。彼はズボンを下げ、それを脱ぎ、恥じらいながら薄手のシャツとズボン下もずりおろし、そのズボン下を着替え、ズボンもはき替えた。一連の動作はすべて極めて冷静に行なわれ、車両のなかも大変落ち着いたものだった。

僕は間違えて東京ではなく下関に着いてしまった。日本のほぼ全域、本州を横断して反対方向に戻る。

神戸、大阪、京都、米原、名古屋、静岡、横浜。

ひたすら同じ景色が続いた。濃緑の季節の田んぼは、鋭く切り立った山々に囲まれている。四本脚の鉄塔。自転車に乗った人々。反り返った枝の木々はまるで角鹿だった。

静岡。木々の陰から太平洋の濃厚な青が見える。赤い果実を実らせたオレンジの樹々がきらめいている。

横浜の手前で、フジヤマ（正確には「フジサン」と言うが）が見えた。日本人たちはこの山を、逆さにした扇に見立てている。幅広い波のように湾曲し、環を描かんとしながら、そこに雪の泡沫がこぼれ落ちる。

夜。横浜の家の光の内側から照らし出された黄金色が、紙でできたあらゆる壁からもれ光り、四角い街灯のようだった。

特急列車は東京に到着した。

［註釈］

日本はアジアの東岸、北緯二一度四五分から五〇度五六分、東経一一九度一八分から一五六度三二分に位置する弓形の列島である。大きな島の本州、九州、四国、北海道、台湾、樺太（南サハリン）と六百以上の小さな島々から成る。日本帝国に属するものとしては朝鮮も数えあげられる。朝鮮は、一九一〇年以前は独立国家だったが、現在は日本に併合されている。日本の小さな島々のなかでもっとも重要なものは、佐渡、隠岐、対馬、壱岐、淡路、それと四つの群島として澎湖諸島、千島列島、小笠原諸島、沖縄がある。日本の本土は本州、九州、四国、北海道である。

（O・プレトネル『日本小便覧』より）

近年（一九二四年）の日本の総生産量は次の通り（単位は百万円）。

採取業	六四〇・〇	（四・八％）
加工業	一六五〇・八	（二五・二％）
農業	四二六〇・〇	（六五・〇％）

（A・ポグレベツキー『現代日本経済便覧』より）

二、東京

東京ではごく普通の路面電車《トランバイ》が時空を横断する乗り物《タイムマシーン》となる。巨人キュクロプスが建造したかのような東京駅《トーキョーステーション》の駅舎から外に出ると、そこが日本だということをはたと忘れてしまう。眼前にはヨーロッパの都市の夜景が広がっていた。巨大な建造群は白亜の霧に沈み、輝く雨がその影を刻んでいた。味気ない広場に敷かれた陰鬱なアスファルトは厳格な軍人のようで、横並びのよじれた鋳鉄製の街灯で飾りつけられている。曲がり角の向こうから、背の高い緑色の路面電車の電動ドアが厳かに現れた。

タクシーから放れる光の槍が交差している。この壮麗な状景のなか、路面電車が僕たちを運んでいく。五分ほど経っただろうか、建物は突然低くなり、十階建てから二階建てになった。新しい日本のスタイル、セメント造りの家々。そこから一〇分。紙で囲われた古き日本の家が寄り集まりはじめる。そこから、さらに進む。古い仏寺が姿を見せ始める。辿り着いたのは過ぎ去りし世紀の場所だった。その場所でタイムマシーンは車掌を代え、逆方向に、現代へと戻っていく。

実際のところ、東京でヨーロッパ風の現代的な建築物があるのは、中心部の商業地区だけだった。ここには巨大なビルディングの立方体《キューブ》が立ち並び、さまざまな会社のオフィスが無数に入っている。

これらの建物が稼働しているのは朝八時から夕方五時までで、その他の時間は無人である。廊下は就業時間でも静かで人気がない。三台の大きなエレベーターが乗客を上に運ぶ。今も半透明の扉の向こうに人々が消えていく。ときおり、青い着物の女中と黒髪の給仕が日本茶のはいった白い湯のみを木盆に載せて通り過ぎていった。あるオフィスの入り口が開け放たれている。なかは見慣れた光景だった。ガラス板を載せた机に背の高い帳簿台。帳簿台にくっついた傷だらけの収納蓋は、ピアノの上蓋のように湾曲している。白紙の束の上にコンパクトが置かれたタイピストの小卓。着物の上に青い上張りを着たタイピストは、縦書きの校正原稿を見ながら、扇であおいでいる。給仕が竹柄の箒で室内を掃除している。背広を脱いだ事務員が袖をまくりあげ、台帳に勢い良く書き込んでいる。

　会社の玄関口に人力車がずらり並んでいた。車夫の昔ながらの帽子はまるで車輪のように大きかった。パラシュートのように頭上に羽を広げ、かぶるのではなく、頭蓋に合わせた針金の台座に固定されている。帽子の端にはアラビア数字で力車の番号が「２３８２」と描かれている。これは実のところ帽子ではなく笠で、雨や日射しを避けるためにあるようだ。日本ではどんなものにも台がある。帽子に台があり、履物にも地面から二ヴェルショーク〔一ヴェルショークは四・四五センチメートル〕持ちあげる台があり、それから住居も台の上にある。つまり、ここは雨の国なのだ。車夫たちは運動用のパンツを履き、馬のような長い脚と蹄を持っている。そう、蹄だ。日本人の靴下である親指だけ分かれたタビは蹄に似ている。車夫たちは靴を履かない、そのほうが走るのに楽だからだ。

なぜか人力車は日本と中国で遙か昔から導入されていたという人々がいる。これは馬鹿げた意見に思える。人力車による移動の発明は一八六七年のことだ〔諸説ある〕。この発明に関しては、二つの説があり、一つは、京都出身の麻痺患者が人力車を発明したというもの。もう一つは、この偉大な発明がゴーブルというアメリカ人宣教師によるというものだ。アメリカ人がいかに自分たちの発明を誇りに思っているか知りたければ、力車に乗って東京の街中を走る彼らの得意げな顔をみれば事足りる。力車らは往来を疾走し、路面電車やタクシーの間を巧みにすり抜けていく。

東京の自転車乗りたち、これは世界の八番目の奇跡だ。自転車が猛烈な速さで真っすぐ突っ込んでくる。「やっちまった、足の治療費はいくらになるだろう」と勘定し始めたその瞬間、まさにその間際にその自転車は後輪で急停止し、素知らぬ顔で避けていく。帽子の位置を直し、巻きたばこを吸いながらそれをやってのける。大通りでタクシーと路面電車がごった返すなか、左手にハンドル、右手には料理をぎっちりと三段に重ねたお盆を担いだ自転車乗りを見たことがある。まったく軽業師になるより他はないのだ。レストランのオーナーは、温かい料理を届けることができない給仕は雇わない。

中心部の銀座はとりわけ活気づいていた。先を急ぐ人々、あくびをしている人々、ビルの入り口に消えていく人々で歩道は溢れかえっている。でも、そこにいる人々は本質的には一様だった。世界の各首都、例えばモスクワ、パリ、ロンドンにあるような幻想的な多様性はそこにない。東京の群衆は五、六のタイプから形成され、それが無限に生み出されていた。

灰色の背広を着たひとりのごく平均的な紳士が道を渡っていた。昼食のため、オフィスからレストランに急いでいる。今日は洋食を食べるようだ。これはつまり、一円五十銭でピンク色、緑色、水色の皿、肉入りのピロシキに似たもの、そしてサラダの計五皿を腹に入れるということだ。そしてパンを数切れ。真っ白いパンは、そこに文字を書いても、それでさらにパンを包んでもよさそうだった。食事をかっ込み、たばこの「富士」を吸い、そしてオフィスに戻って行く。

その紳士は焦って駆け出し、のんびり散歩中だった和装の老人とぶつかってしまう。

「ゴメンクダサイ、すいません」といって、紳士はまた走っていく。

老人は着物をなおしてから、またゲタをカランコロン鳴らしていく。裕福なゆえに保守的な老人なのだろう。半ばヨーロッパ的な群衆を非難がましく見ていた。この仏教徒が腹に据えかねていたのは、席について肉を貪り食う一連のヨーロッパ風レストランのきらめく看板である。かつて野鳥の肉が出てくる飲み屋の上には「やまくじら〔いのしし〕」という控えめな看板があった。そうした古き良き時代を彼は思い出していた。

その昔、人々は羞恥心からだろうか、山のものであろうと鳥を魚に見せかけて提供していた。老人は頭を回し、彼の口と鼻を覆っていた黒い巻き布をなおす。埃を遮る布だ。東京の町ではときおり顔に布を巻きつけた人を目にする。最初の一人を目にすると、梅毒患者なのだと思う。三人も見れば、日本にはなんと梅毒が広がっているのか、と唖然とする。五人目ともなれば、データが揃う。この巻き布は単に病気のためではなく、その逆で、さまざまな病気を、街中の埃のなかに舞っている桿菌《かんきん》を防ぐためなのだ。彼らが顔に巻いているこの布は、健康のためであれば、愛嬌なんて必要がないということを非常によく表している。日本人にはまったく偏見がないのだろう。

若者たちが歩道に立っていた。五人全員が似た格好をしている。ハロルド・ロイド風だ。カンカン帽、角縁眼鏡、灰色の背広。東京では千人のハロルド・ロイドと出会うことができる。同質化という病。

だが、男性の流行、これはおそらく日本人がアメリカを模倣することを許された唯一のものだ。欧米式の生活様式の導入は日本を荒廃させかねない。かつて封建時代の日本は、世界から隔絶していたことで日常生活の独創性が保たれていたが、現在、彼らの生活の独自性は厳密な経済制度によって保たれている。だからこそ、東京はこの惑星でもっとも慎ましやかな首都のひとつなのだ。

交差点にいる新聞の売り子たちが黄色新聞の色である銅製の鈴の束を振っている。黒い制服、白い手袋、口と鼻を覆う埃防止の梅毒マスクを身につけた巡査が手を上げると、瞬時に往来のすべての動きが止まった。まるで映画のように。隊列を組んだ高等学校生《ギムナジスト》たちが野球のグローブを振りまわしながら、道を渡っていく。無数にある野球チームの一つだ。野球は日本のスポーツマンたちの目下の流行《トレンド》なのだ。日本人はなべて流行から流行への日々を送る。ここはセンセーションの国。今日は日本とアメリカの野球チームの試合がある。国を揚げての出来事だ。日比谷公園では電灯が点いた黒板と拡声器が試合の経過を伝える。黒板の前には、すくなくとも千人あまりの群衆がいた。自転車に乗ってきた人たちは、曲乗りのようにサドルの上に立っている。拡声器から流れる大きな叫び声を群衆は逐一、まるで山彦のように繰り返す。普段は厳しい警官たちも、このときは解散を命じない。スポーツは政府によってさまざまな形で奨励されている。来たるべき戦争のため、若者たちを訓練する必要があるのだろう。アメリカはフィジー諸島を狙っており、旧い言いまわしを使えば、世界には「戦雲たれこめて」いる。より正確に言えば、世界にたちこめているのは窒息性ガスなのだが。

公園の中を列になった子どもたちが行進していく。男の子も女の子も一様に茶色いスカートを履き、列の傍らには眼鏡をかけた教師たちがいた。神社へと社会科見学に向かっているのだ。僕は彼らについていった。神社は将軍家康のものだった。かつて彼は皇帝《ツァーリ》で、いまは神になっている。

「神様なんだよ」――僕の同行者の無邪気な日本人は恭敬を表しつつ、笑う。その恭敬は伝統的なもので、笑いもまた同様だった。平均的な日本人の宗教に対する態度は、冷ややかな恭敬と皮肉の混合だ。

子どもたちが強襲をかけ、祭壇前の幅広の階段を占領する。階段の奥には横長の槽があった。銅貨の雨がそこに降り注ぐ。存命中には、これよりもずっと実入りの良い確実なやり方で民衆から金銭を得ていたその神への贈り物だ。それから、みなが手を打ち鳴らす。これは祈願。このように神への敬意を表す。数ある皇帝たちの中でも家康はより良い生活を送っていたようだ。

見学の一行は外に出る。町外れ。立ち並ぶ家々が幹線道路と多くの小径で区切られている。透け紙をベニヤ板で碁盤目状に区切った壁の家屋は、簡素なベランダに囲まれ、鋳鉄の波打つ瓦でつくられた重厚な屋根が伸しかかる。屋根の鋭い脊柱はいたるところに盛りあがっている。

幹線道路には小店が立ち並んでいた。果物屋にはバナナやバターみたいに黄色い鱗に覆われた、台湾産のパイナップルの山が積みあがっている。履物屋では木靴のゲタが束になっている。食料品店のショーウィンドウには太平洋と日本海のあらゆる生物と植物——魚、蟹、蛸、貝類、海藻——がきらめいている。老婦人が小店に入っていく。彼女はじっくりと選び見て、最終的に四匹の貝と干し魚をいくつか買った。茶碗一杯の米とともに家族の昼食となるのだろう。

銅色の上半身の筋肉が丸く隆起し、白い短パンを履いたずんぐりした労働者が、肩に渡した竹棒の両端に重い樽を吊るして運んでいる。立ち止まって汗を拭き、瑞々しいフルーツが溢れる果物屋のショーウィンドウを見つめる。

飾りの造花が強風で縒れた麦わら帽子をかぶる駄菓子売りが、太鼓を打ち鳴らし、まるでパレードのように町外れの子どもたちを集めている。

七段の帆柱《マスト》に所狭しと洗濯物が干してある。クリーニング店の目印だ。緑色の蒸気が木造の室内に立ちこめている。着物の上に白い上衣を着た洗濯女たちは、農婦たちと同様にのっぺりした顔立ちに、短い手で、汗だくになりながら力強く、うねる洗濯物をこねたりよじったりしている。老婆が洗濯女たちを監督している。痩せぎすで、女形の舞台俳優のようだ。鋭い顔つきで枯れたように痩せ、動きは荒々しく四角張り、白粉を塗った顔は白亜色で。乾いた纏め髪が彼女のうなじに垂れている。

ある家屋の玄関の壁が横に動いた。角型の髪の女性がバケツ一杯の水を道に撒き、壁を再び閉じる。その一瞬、室内が見通せた。

こうして、東京の町外れの生活はゆったりと流れ、木製のゲタの音を響かせながら、そこは中心部の疾走する自動車から五〇露里《ヴェルスター》〔一ヴェルスターは約一〇六六・八メートル〕と百年隔たっていた。

東京、小石川区にて

〔註釈〕

「東京は東経一三五度五四分、北緯三五度四一分、東京湾の北側に位置し、広大な平野の真中にある。東西に六マイル、南北に八マイルある。面積は二九平方マイルで、人口二三四万九八三〇人で、家は六二万〇〇七六戸ある（一九一七年時点）。東京は、世界で六番目に大きな都市である」

（ジャパン・ツーリスト・ビューロー発行『東京案内』より）

三、紙の家の人々

無数にもつれ合い、曲がりくねるモスクワの小径はこれまで幾度となく冷やかされてきた。しかし、それも東京の小径と比べれば世界的な大通りだった。東京の小径の狭さは、向かい合う二つの家の敷居から互いに手を伸ばせば握手ができるほどだ。生粋の東京人が一つ横の通りに住んでいても、迷ってしまうほどに入り組んでいる。平屋も二階建ても所狭しとひしめき合い、そこでは古くからの、昔ながらの古代的《アルカイック》な日常が密やかに営まれている。家々には窓がなく、前面の壁は常に閉じている。そうした道を歩きながら目に入るのは、どこかお上品な牢獄にあるような格子状の壁、木板、木板から突き出てメランコリックにカサカサと鳴く樹々だけだった。まるでザモスクヴァレーチエ〔モスクワ川右岸のモスクワ南部〕だ。

そのなかの一つに二階建ての家があった。中流ブルジョア階級の家族が住んでいる。小庭は石で綺麗に舗装されていた。入り口には、平たく、鹿の角のように枝をくねらせ延ばす二本の日本松が番兵のように立っている。玄関部の床は舞台のように少し高くなる。その下の石面に、ブーツとゲタが並んでいた。家に入るとき彼らは下履きを脱ぎ、室内では靴下かスリッパをはく。一階に三部屋。そのうちの二部屋は茶の間《ダイニング》兼寝室として使われていた。だが、茶の間として使うのは食事をするときだけ、寝室になるのは眠るときだけで、普段はまったく空っぽだった。床と壁以外はなにもない。壁はやはり動くようになっていて、地面より高い床に座ると、庭という瑞々しい舞台装置に囲まれた高座にいるようだった。庭は五本の樹木、二本の灌木、そして磨かれた石で形づくられていた。金魚が泳ぐ小さな庭池もある。三つ目の部屋は、学校に通う息子たちの部屋だった。机と椅子が二脚置かれている。机の上にはラジオが置かれ、細い脚と丸い台座に支えられたスピーカーが大きく口を開けていた。しゃがれ声のラジオ、現代生活の偉大なる梅毒患者、「偉大なる唖者」〔無声映画〕の好敵手は、現在の日本では各家庭の必需品となっている。ラジオは一日に四回、食事時に低俗な話を一人前、デザートとして提供する。中国人の厚かましさをしゃがれ声で報せ、笑い話や日本の音楽を少々。壁にはきれいに印刷された天皇の弟の肖像写真が掛けられている。スポーツマン風の、なでつけられた分け髪が光る、ケンブリッジ大学を卒業した若者だ〔秩父宮雍仁のことであれば、留学先はオックスフォード大学〕。肖像写真の下には、ばかでかい野球グローブが束ねられ、二本のテニスラケットの方眼状の楕円形が、その黄色い血管を交差させている。脇には英語書籍の書棚があった。椅子の背もたれには北方文化のシンボルであるラシャ製のズボンが掛けられていた。

二階には娘の部屋と客間があった。娘の部屋には床、天井、壁のほか、水のように奥深い鏡と化粧道具がある。次は客間だ。ここには、この家の中でもっとも良いものが集められている。床は黄色く光沢がまぶしい上等なむしろ。部屋の中央部には、歪んだ龍の脚を持つ、鏡のように磨き抜かれた黒木の座机が置いてある。その周りには金色の房がついた絹の座布団が四枚。座布団には赤い狐が描かれていた。床の間には漆塗りに輝く手箱がある。まるで黒い水から鋳造されたかのようだ。ささやかな床の間には薄く網がかった銅製の花瓶、その澄んだ水に背の高いあやめのブーケが活けられている。ブーケは毎日、学校でつくり方を教わってきた娘が活けている。仕切り壁に長い掛け軸がかけられ、そこに詩が立派に書きつけられていて、蜜月《ハネムーン》の魅力を喩えて語っている。

丑三つ時、
新月の季節、
長身の竹の影さえなく

こうしたものはすべて日本のブルジョア、芸術における感傷的なもの、些末な日常の仔細を愛する人間の耽美的な理想をつくりあげる。維新派たる日本のブルジョアは、ヨーロッパの印象派たちが学んだ徳川時代と明治時代のスタイルを生み出した。彼らは日常の細部を描き、質素な筋書きと輝かしい演技で構成される歌舞伎を生み出した。我々が「日本の様式」と看做したものは、すべてブルジョア日本のスタイルで、芸術における感傷的で些末な天才的守銭奴のスタイルだった。日本にはそれ以外に貴族時代の壮大な様式と、そして革命的インテリゲンツィアによる芸術の胎動がある。

家主のところを訪れた客人たちは、座布団の上に座って湯のみで茶を飲み、雀の羽毛のような筆跡と詩人の才覚に恍惚とする。こうしたときの彼らの顔は甘く、あたかも……なんというか、こう言ってよければ、お茶のようなのだ。もちろん、日本茶は砂糖を入れずに飲むのだが……、壁にかかる詩のような甘さがあった。彼らは感傷的であり、それでいてみな勤め人なのだ。つまるところ彼らは休息を欲している。だが、こうした客人たちがやってくるのは祝日だけだった。平日の客間はひっそりとしている。普段、生活で満たされるのは階下の三部屋だった。

朝八時。目覚まし時計が鳴り響く。女中はすでに台所の掃除をすませてご飯を炊いている。主人はキモノをたくしあげ四つん這いになって、寝室を緑色のひだで覆う透けた防蚊ネット〔蚊帳〕の下から這い出てくる。洋室の蚊帳からは息子たちが四つん這いで出てくる。息子たちはズボンを履き、上半身は裸だった。上の階では、蚊帳の端を持ちあげながら、キモノを着た娘がそろそろと出てくる。顔を洗い、全員で朝食を食べる。朝食の後、息子たちは銅製のボタンが縫いつけられた制服のジャンバーを着て、本を揃え、高等学校に出かけてゆく。主人は、吸い口が長く、一口吸う分だけの極小の受け皿がついたパイプをゆっくりとふかしている。祖母は火鉢で手を温めている。スピーカーはしゃがれ声でニュースをわめき伝える。

それから家そのものが目を覚まし始める。音を軋ませ、夜間の木製の寝具を脱いでいく。日本の家は、日中は紙の家、夜間は木の家というわけだ。この家は狭いベランダに囲まれ、ベランダの端には内部が広い空洞となった収納壁〔戸袋〕がくっついている。この壁には、一組のトランプのように木の衝立が複雑に収まっている。夜にはそれらが引き出され、二つ目の木製の壁を形作るのだった。

朝には、奥さんと女中が再び壁の中に押し入れる。彼女たちは紙の壁も引き開ける。すると、庭が家のなかに入り込んでくるのだった。その後、彼らは蚊帳と敷き布団、掛け布団、枕代わりの円筒形のクッションを背後の壁にはめ込まれた戸棚〔押し入れ〕に仕舞う。室内は再び小箱のように空っぽとなる。日本の家はまるで二重底のトランクだった。秘密を抱えた家。独創的な建築家ル・コルビュジエがパリに建てたガラスとコンクリートの家々よりも構造的で目的にかなっている。

九時。家主がズボンを履きスーツを着る。これは単なる着替えではない。彼は直ちに別人になる。役柄に合わせてメイクをし、舞台に出て行かんとする役者のようだった。この五分前、彼は夢見がちにパイプを火鉢に叩きつけ、池を盛んに泳ぎまわる魚を眺めていた。柔らかな動作、姿勢は物憂げで、時間が彼の脇を、わずかに尾びれを動かすだけの巨大な魚のように漂っていき、手で支えなければならないほど長いパイプを深く吸い込むに応じてゆっくりと身体を延ばす。それがいまや俊敏に動く仕事人で、ポケットには秒針を刻む時計があり、力強く短い巻きたばこを咥《くわ》え、戦闘態勢の整った実利家だった。日本人にはこうした特性がたしかにある。つまり仕事と休息で時間を分け、その間を見えない壁で隔てて、つるはしを担いで鉱坑に入っていくように仕事に向かい、水に沈みこんでいくように休息に浸る。

九時半。家主が仕事場に向かう。玄関でブーツを履く。祖母、母、娘といった女性たちは、敷居のところで低くお辞儀して彼を送り出す。男性である家の主人はぞんざいにうなずき、彼女らに応える。

彼は音をたて格子戸を横に動かす。

「イッテ　ラッシャイ」。女性たちは額を床につける。

「イッテ　マイリマス」。彼は無愛想に返す。

「イッテ　ラッシャイ。イッテ　ラッシャイ。イッテ　ラッシャイ」

「……テ……マス」。彼は角を曲がり、姿を消す。

家には女性たちだけが残った。祖母は長いパイプを吸い、灰を火鉢に落とす。母親は女中と昼食について話し合う。娘はトイレに行く。これが彼女の日中の暇つぶしの三分の一を占める。彼女がすべき残りの二つは、新しい着物の裁縫、それと勇ましきサムライたちや恋に落ちた芸術家たちの物語が掲載された分厚い月刊誌を読むことだけだった。彼女は、かつてロシアにいた商人娘の日本の姉妹だ。日本的な風紀の厳格さは、アメリカやイギリスの少女たちが享有するような自由について彼女が考えることさえ許さない。日本のブルジョア社会の特殊な階級的偽善は、類を見ないほど際立っている。そして日本家屋の格子状の壁は、少女の眼前に厳然と備わる屋敷牢の格子へ変わる。彼女は母親と映画や演劇に行くこともあるだろう。でも、それがすべてだ。

いま彼女は髪を整え、白粉を塗り、童謡を口ずさんでいる。

モシ、モシ、カメヨ、

カメサンヨ。

昼時、玄関の格子戸が音をたて、息子たちが嵐のように駆け込んでくる。二人の息子たちは猛烈な勢いで本を隅に放り投げ、驚いてお辞儀する女中に危うくぶつかりそうになる。

「お腹すいた！　お腹すいた！」

　ご飯を食べると、野球グローブを手に取って公園へ駆けていく。彼らは学校でアメリカ式の教育を受けつつも、その教育は、日本人の美徳は主に節度、忍耐、勤勉、母国愛にある、という強固な記憶に基づいてもいた。学校、父親、書物、映画、ラジオは、将来彼らが模範的な愛国主義者になるように根気強く説いていた。家族の良き父親、つまり彼ら自身の父親のようになるのを妨げかねないものを、こうした健康的で賢い子どもたちからことごとく叩き出そうとするのだった……。

　現在の彼らはいまだ活火山のような年齢で、この年代の日本の少年たちは、荒々しく、けんかっ早く、そして反抗的だった。内気で自制的で勤勉な青年になる前に、日本の少年はみなこうした段階を経験する（そうした青年になるのなら の話だが）。生物学者たちが、人間の胎児には魚のエラが存在していることを引きながら、人というものは突然形成されるものではないと愚者たちに説いているように、日本の少年たちの性格から察することができるのは、西洋が目にしているような日本人になる前に日本の青年たちが通過する教育がいかなるものか、つまり、高等学校や大学《カレッジ》で、どのようなプロイセン的訓練を受けているかということだ。日本の国民的な性格には、実際の東洋的なもの、つまり不精、無思慮、精神的無関心、生まれながらの宿命論といったものはまったく存在しない。安易なアフォリズムが許されるなら、ここは極東のプロイセンというわけだ。

六時。食事ができる。炊きたての米が木桶《おひつ》の中で真珠のように輝いている。息子たちが、グローブを振りまわし、ボールを上に放り投げながら家に戻ってくる。父親も仕事場から帰宅する。といっても、いつもこの時間に戻るわけではない。頻繁に打ち合わせが入ってしまう。妻は、それが「打ち合わせ」のためで、その後、夫がぐでんぐでんに酔っぱらって十二時に戻ることを知っている。端的に言えば、彼はお茶屋にいたのだが、しかし妻が、女性であり夫に小言を言う権利のない彼女が、できることといえばわずかな悶着を起こすことくらいだった！「酔っぱらっていますね」。夫がふらつき、倒れないよう彼女の首にもたれかかると、彼女は慎重に指摘する。

「まさか」。夫は日本人の冷静さを総動員して答える。「そんなわけないだろう?」夜。屋根まで木の寝具にすっぽりくるまって家屋は寝入る。人々は巨大な掛け布団、より正確に言えば、熱帯気候の幻想的な羽布団をかぶり、蚊帳の下で横になる。

女中は慎重に、戸板をがたがたと鳴らさぬよう、無人の夜の小径に出る。アカシアの生け垣のところで、婚約者の男性が彼女を待っている。彼はセメント工場の労働者だった。二人は静かに言葉を交わす。彼は、結婚したら彼女も工場で働かなくてはならないと言う。彼の実入りはとても悪いのだ。彼女は了承する。男性が住む労働者用の共同住宅に住む必要もある。それにも彼女は同意する。男性は紙の家に向かって侮蔑を込めた仕草をする。「旦那様たちが恋しくなったりしないかい」。そんなことはなかった。「あのね、私たちの暮らしは貧しいものになるけど、その代わり、好きな人と一緒だわ」

男性は男らしく彼女を抱きしめ、農婦のように鼻が低い彼女の顔にキスをした。

四、

ナガタ

マルセイユから四〇サンチーム〔一フラン＝一〇〇サンチーム〕のマリアンヌの切手が貼られた聖ジャン港の風景を描いた絵葉書を受け取った。差出人は友人のナガタだった。彼は独特の筆致で、そして実に国際的な正字法（キリル文字とローマ字の混ざった文章）で文章を書いてきた。

私は先月日本を発ち、いんど、フランスを経由して、べるりんに行く予定です。それからモスクワで貴方に会イたい。いまはまるせいゆにいます。日

本のキセンで来ました
貴方の友人　　　ナガタ拝

僕は、ナガタが唐突に世界半周の旅に出たことを即座に悟った。これは彼の二十年間の人生のなかで、すでに二度目となる果断で勇敢な行動だった。ナガタは新しい世代の、我々と歩みをともにする小さな部隊の日本人だ。その格好はまるでモスクワのコムソモール員〔共産青年同盟員〕だった。彼の新たな人生は家族との不仲から始まった。家族との不和という意味においての革新者。ようするに、日本では父と子の言い争いはまだまだ一般的でなかったのだ。ナガタは、新しいタイプの放蕩息子だった。

彼は学習院《リツェイ》の教師の家に生まれた。厳格で寡黙な父親は教条主義者であり、国粋主義者だった。母親は、暗い着物を着た身体の弱い小さな女性で、遠慮がちな面持ちをしている。男性に対して腰が低く、近所の寺を毎夕訪れ、米を炊くのが上手で、畳の上の細かい埃を掃き集める。日曜日には息子を連れて劇場へいき、ときどき日本の時代劇を観に映画館に行く。父親は、息子を思索へと導きかねない本を避けながら蔵書を揃える。

少年は愛国主義的かつ道徳的な父親の教えと気弱な母親の優しい気配りの中で成長した。彼が十五歳になったとき、高等学校の同級生の一人が彼に社会主義者たちの機関誌『カイジョウ《〔ママ〕》』を貸した。その雑誌に収録された蛮勇的な記事の一つが、彼の慣れ親しんだ単純で明瞭な世界を爆破したのである。彼は二日間食べ物を口にせず、一週間誰とも会話をしなかった。それから家出をした。

ひと月の間、彼は大阪の貧民窟で、新聞を売りながら、労働者や水夫たちに囲まれて生活した。この場所は、貧困、不公平、不幸の中心そのもので、少年による子どもの反乱は意義を獲得し、鍛えられた。最終的に警察が少年を探し出した。父親の元にかえされたとき、父親は自分の息子が分からなかった。従順な日本の少年の代わりに戻ってきたのは新しい日本の青年、すなわち、すこぶる左翼的な考え方をする青年だった。

私立の早稲田大学へ入学したことが、さらなる不和を生み出した。この大学でナガタは、ロシアのコソヴォロトカ〔胸が脇開きのシャツ〕を身につけ、ハンチング帽をかぶる学生たちと知り合った。彼らはレーニンやクロポトキンを読み、国家的なものを嘲笑した。ナガタもコソヴォロトカとハンチングを購入し、日本人であることをやめた。自宅で彼は異人となった。父親は彼と言葉を交わさなかった。

このように始まったナガタの経歴は、彼の世代全体の経歴、歴史上初めて書き記された経歴である。こうした経歴は中国語や、そしておそらくドイツ語に書き換えることもできる。ナガタは我々の年代を代表する息子なのであり、インターナショナルなコムソモールだった。

ナガタは日本の大衆や家庭や風景と折り合いがつかない。彼はまるで違う色の絵の具で着色されているようだった。日本人たちは彼を遠巻きに見た。彼は中世の銅板画の上に貼られた自動車の写真のようだった。

僕たちは東京のとあるカフェーで知り合った。アメリカ式のバーに似た場所だった。白い丸テーブルが並び、そのテーブルに固定された金属製のポールの上で、脚のない革張りの椅子がクルクル回っていた。天井では空調のプロペラがパキパキ鳴いている。銅製の足置きがついたタイル張りのカウンターの前には、子どもの背丈ほどの高さの五脚の白い腰掛けがある。座るときは、座面に手をかけ軽く跳ねなければならない。スポーツマン用の家具である。入り口付近には、四面が鏡張りの戸棚が、水色の芸術的な氷の塊と、青色、黄色、緑色の食物を陳列してキラキラ光っている。

カフェーは若者たちでいっぱいだった。店に入ってくるのは、例えば「モボ」〔当時流行したモダンボーイの略称〕たちだ。彼らはアメリカ化した日本のきらびやかな若者たちで、明るい色で編まれたジャンバーを羽織り、浅い丸帽をかぶっている。背の高い腰掛けに身軽に飛び乗り、足をぶらつかせ、強いカクテル（さまざまなアルコール飲料の混合物）を飲み、そのせいで気分が悪くなっていた。

黒い制服を着て、錫の文字を施したつぶれた帽子をかぶる控えめな高等学校生たちもやってきた。彼らはアイスクリームを注文し、日本の少年の可愛らしい顔を寄せ合いながら、礼儀正しくささやき合っている。そして、もっとも多いのは、簡素な着物やコソヴォロトカに身を包んだ髪の長い学生たちだ。彼らは店内に入るやいなや議論を始める。

このカフェーでは「ロシア」という単語が「お茶」という単語よりもたくさん耳に入ってくる。政治的な議論になれば、「レイニン」がロケットのように飛び交い、芸術に関する議論では、「メイエルホリド」という単語が日本の俳優たちの名前に交じって出てくる。高等学校生の恭しい沈黙とモボたちのピーチクパーチクしたおしゃべりのなかで、大学生たちは東洋の将来について議論する。子ども用の短いスカートを身につけた女中たちは、電線によじ上るための器具のような曲線の細い足を見せつけている。目尻の上がった彼女たちは、手のひらに木盆を載せたまま立ち止まり、東洋の女性解放運動に関する話に耳を傾ける。

あるとき、このカフェーで早稲田大学の三人の学生がロシア文学の教授を呼び止める場面に遭遇した。彼はボリシェビキに批判的な亡命者だった。学生の一人がごく控えめに教授に言う。「私たちはあなたよりもロシアのことを知っています」。教授は机の上に本と眼鏡を置き忘れたまま、カフェーから飛び出していった。彼は追放されんとするかのように戸口で立ち止まる。その教授の眼前にあるのは、敷居の向こう側にあるのは銀座二丁目ではなく、戦乱と不安に満ちた二十世紀の広大な遍歴の空間なのではないか。滑稽だとは言えなかった。

こうした場所で僕はナガタと知り合った。彼は足を広げて立ち、肘までポケットに差し込んでいた。強情そうな唇とごつごつした顎を備えた生真面目な顔を持ちあげていた。キャップとルバーシカ〔ロシア風シャツ〕に挟まれたこの異様な顎は、日本人の民族的な特徴たる顔の輪郭を放棄し、平民《プレビアン》の国際的な顎、〔ジョージ・〕グロス的なプロレタリアの顎、モール*3的な党員の顎だった。僕はナガタの顎をじっと見つめていた。

共通の知人が僕たちを紹介してくれた。彼のほうから僕に手を差し出す。これは日本人にしては珍しいことだった。普段、日本人はただお辞儀をするか、握手に応えるだけだ。ナガタの振る舞いは極めて自由だった。彼を育んだのは、日本の礼儀作法という規範ではないのではないか。その身振りはロシアのコムソモールさながらで、僕たちの民族固有のものと考えられているものだった。これは、彼が真似ているということではない。彼が見知るロシアのコムソモールは、ただ挿絵つきの雑誌の中だけなのだ。ナガタの話し振りは故意に粗野で、そうすることでブルジョア的な礼節に抵抗しているのだった。彼は軍隊ベルトをズボンに巻いていた。あるとき僕は着物姿の彼に会ったが、僕よりも着物が似合っていなかった。リャザン地方かどこかのヴォロスチ・ソヴィエト行政委員会[*4]こそが、彼のいるべき場所なのではないか。

僕たちは東京を歩いてまわる。

日本の通りのさまざまなコントラストが、否応なしに僕を捉える。半分ヨーロッパ人で、ソ連という綯交《ないま》ぜの国からやってきた僕を、社会主義とピョートル大帝以前、電化とヴォルガ沿岸の食人伝説、バスと荷馬車の対比に慣れ親しんだ僕を捕まえて離さない。こうしたコントラストは、ナガタにとっても鮮烈だったようだ。

「チョット！」

「パダジジーチェ！〔待ってください〕」

僕たちは相手に立ち止まるよう同時に声を掛ける。町外れの魚屋の前だった。店番の若い女性は海底にいるかのように魚に囲まれ、黒ずんだゴザに座っていた。まるで大昔の版画の一場面のようだった。彼女の髪型は二つに割れたオレンジのようなお団子が左右についていて、両端にリボンがついた硬いヘアバンドで結われていた〔この時代のモダンな髪型「ラジオ巻き」か〕。魚売りの女性はラジオでコンサートを聴いていた。

また歩みを進める。再び立ち止まったのは弁護士事務所の前だった。事務所内はディケンズ的に散乱している。ここの主は回転式の肘掛け椅子に座って仕事をし、机の下の引き出しを引っ張りだし、そのなかに裸足の足を突っ込んで扇子であおいでいる。

運河にかかる橋の上でも立ち止まった。運河の黒い水の上にはいくつも艀《はしけ》が浮かび、その上で暮らしている人たちがいる。赤ん坊を背負った女性が食事をつくり、食器を洗い、艀を動かし、銛《もり》を運河の底に突きさす。

それから僕たちは、工業地区の巨大なビル街の入り口に臨む。目の前には鱗状の瓦に覆われた紙の家が取り残され、コンクリート製の十階建ての立方体に取り囲まれていた。

人力車を追い抜いていく路面電車《トランバイ》、寺院の前に停車中のバス、映画館の横の古い歌舞伎の劇場、アメリカ化した、めかし屋のモボと木製のゲタを履いた老人、荷馬車を動かす労働者とバスに揺られる金持ち、エレベーターと手にゲタをはめた足のない不具者、飛行機と住職や宮司たち。対比の感覚は両端で等しく先鋭化する。

僕たちはさらに歩いていく。

ナガタが小言を口にする。

彼は政治的に物事を考える。彼にとって政治の外側には何も存在しない。彼の中ではすべてが政治へと帰着する。新宿地区が彼にとって重要なのは、ただ地震の際にここで多くの共産主義者が殺されたからだった。彼が工業地区の大きな家屋に興味があるのは、「《赤いモスクワ》にはこうした建物がたくさんあるんだろう?」という疑問からだった。

カフェーでナガタは伝統的な日本の置物、三匹の猿——目の見えない猿、耳の聴こえない猿、物をしゃべれない猿——に目を向ける。彼によると、この置物は政治の演説者たちが使っているそうだ。

彼らは「同志! 我らが日本の労農党はこの置物にそっくりだ。我々は見ること、聴くこと、話すことを禁じられている」と語る。街とはナガタにとって社会的類型のギャラリーなのだった。

小さな靴屋で彼は靴工を僕に見せた。どこにでもいる靴工はゲタの板にかんなを掛けている。靴工はナガタにとって、彼が穢多(日本のパーリア)であり、左翼団体水平社の一員という点で重要な人物だった。

新聞社の車寄せのところで、僕たちは袴——日本人の男性用スカート——を穿いて、わきに書類鞄を抱えた知り合いの記者と会った。その記者はお世辞を口にする。ナガタは公平な通訳でいることができなかった。

「彼が言っていることはぜんぶ嘘っぱちです。これは、つまり、プチブル的なインテリゲンチャってやつです。ロシア風に言えば、そうなりますよね?」

五人組のモボたちが、はちすずめのようにキラキラしていて、縞のジャンバーと空色のズボンを履き、カフェー「フジ」の窓際の、平らな歩道に立っている。ナガタは彼らと肩を並べて、レーニンのキャップとルバーシカを着ている。このときのコントラストに僕だけが気づく。なんというコントラストだろう! モボたちはナガタとまったく同世代なのに。モボたちは敵意を表しながら避けていく。ナガタは赤い星を飾りつけた胸を前に突き出した。

僕たちの散策を終わった。

僕は葉書を机の中にしまう(1)。

〔註釈〕

「労働者たちの指導者の一人である麻生久の自伝小説『黎明』〔新光社、一九二四年〕を読んでいただきたい。この小説の冒頭は一九一八年に関する記述である。この年の四月に物語は始まり、インテリゲンツィアたちのグループは緊張感に包まれていた。とりわけ若い学生たちは、イデオロギー的な興奮状態にあった。

ロシアにおける二つの革命は、かつてパリ・コミューンがロシア理想主義者たちに与えたのと同様の影響を、若き日本に与えた。東京の学生たちはサークルを組織し始めたが、これはカラコゾフ、チャイコフスキー、ドルグシンといったサークルの間接的なコピーだった。こうしたサークルには、「新人会」「木曜会」「友愛会」「建設者同盟」「黎明会」などがあった。社会主義やアナーキズムに関する各文献、とりわけ「クロポトキン」や「レイニン」が夜を徹して読まれ、偶然手に入れたソヴィエト領事館の政令を読み解き、日本の革命の期日に関して激しい議論が交わされ、最後には〔ツルゲーネフの〕『処女地』や『父と子』が読まれる。若者たちの間では、髪を肩まで伸ばして後ろに撫でつけ、ロシアのルバーシカを着るのが流行っていた。多くのものが学問を放棄し、労働者地区に居を構え、あるいは生まれ故郷に戻り、それぞれの「若き兄弟たち」への義務を果たそうとした。前代未聞の出来事だったのは、東京帝国大学の優秀な卒業生たちの一部が、一九一八年に官僚のキャリアを拒み、一連の労働者組織に参加したことだ。『黎明』の主人公は感嘆の声をあげる。「ロシアのことを考えると、ぢっとしていられない」

（ロマン・キム「蛇足」一九二七年より）

五、日本の劇場にて

カリン材で建てられた日本の劇場に入る。入り口の敷居でブーツを脱ぎ、日本の竹製のスリッパに履き替える。僕は脱いだブーツを眺めた。先端が隆起した二つの太陽のように輝いている。編み込まれたよりひもが床にうねっている。自分のブーツに目をやったのは、日本の劇場に入るのが初めてだからというわけではない。ブーツに別れを告げる儀式はいまや僕の習慣なのだ。客席に入ると、背後で扉がバタンと閉まった。この瞬間、僕は世界から切り離される。僕たちの二十世紀、劇場前の活気ある往来、あるいは戦艦、コンツェルン、さまざまな集会の日本、つまり今日という日は、ブーツとともに敷居の向こう側に留まっている。

二円（二ルーブル）を支払って僕が座るのは、古代の日本に置かれた肘掛け椅子、象牙で出来た卵形の背もたれのついた壮麗なアメリカ式の肘掛け椅子、「二三五」と番号がふられた椅子だった。乞食たち、無鉄砲なサムライたちがいる。彼らは頭上の花道《ハナミチ》で、(2) 僕の口めがけて埃を巻きあげながら闘いを繰り広げる。ライダー・ハガード〔イギリスのファンタジー作家〕が記した秘境の国々のように、古く隔絶した、封建的な日本が目の前にある。百年前、海軍将校のゴロヴニンはこの日本への並々ならぬ関心の代償として、劣悪な日本の牢獄で苦しみに三年間を費やした。一方の僕はといえば、今回費やしたのは、全部含めて二ルーブルだ。

客席は三層になっている。一階席はヨーロッパ風に拵《こしら》えてあり、椅子の設《しつら》えも良い。壁際には鏡のように漆が光る木製の柵のついた木造りの黒い桟敷席がある。桟敷席にはゴザの上に平たい座布団が置かれていた。座るのは金満な劇場ファン、「肘掛け椅子〔スペインの椅子〕」と名付けられたヨーロッパの拷問器具に座って疲れることを望まない人々である。椅子や肘掛け椅子は不幸な人々に座らせて、財力のある方々は快適に床に座るというわけだ。舞台は幕で仕切られている。幕が降りている様はさながら滝のようで、力士の筋肉を備えた獅子が描かれていた。観客の頭の高さで二本の花道が客席に走る。

三度ベルが鳴ると、場内が暗くなり、幕が上がっていく。

舞台上には日本家屋があった。田舎の、四面すべてが囲われた本物の家だ。そこで住むこともできれば、家事をして、子どもを育て、働き、恋人と時間を過ごし、老い、死んでいくことさえできる。完全に本物の家そのものだ。その家の中で芝居を上演することだってできるだろう。その床は舞台上からさらにもう一つの舞台のように高くなっていた。日本家屋の床はみなこのように高くなっている。花道から、鎧に身を包み、刀を二本差したサムライが、激しい音をたてて歩み行ってくる。

ああ、日本の歴史劇！

専門の役者たちが前足と後ろ足を演じる馬、その上で行なわれる三十分ほども続くサムライたちの決闘。

多様な闘いの姿勢と激烈な渋面で構成される歩兵たちの闘い。舞台上に隠してあった偽の首を敗者から切り離し、うなり声をあげる。それは劇場の幕に描かれた獅子が、本当に生きていて、サムライの役を与えられ、声をあげたかのようなうなり声だった。

貧しくも勇敢なサムライが、跳躍し剣を切り結びながら、悪鬼のごとく十人の敵《かたき》を討ち、二十人を追い払う勇ましい決闘。

豪奢な大名駕籠を担ぐ召使いと、それを鞭打つ酔っぱらった武士との、中世の往来における喧嘩。

摘発されても巧妙に切腹を免れようとする身分の低い偽称者たちのずる賢い悪巧み。

恋に落ちた二人が情熱の瞬間に背と背を寄せ合うゆったりとした色事の場面。

口角を厚く塗った悲劇役者たちの獅子のような口。

白粉を塗りたくった男性が演じる女性の白亜の頭。

その軸を中心として地球の自然を見せながら家屋、森、海をくるくると変える廻り舞台。
アメリカ映画のシナリオのように素朴な戯曲。
一つ、ある物語の筋書きを直訳で紹介しよう。

この戯曲は『俗説美談黄門記』――『黄門記民間伝承〔黄門記童幼講釈〕』――である。黄門《コーモン》は三百五十年前、甥である将軍綱吉の治世時代に生きた人物だ。その時代、将軍下の最高職である大老《タイロ》は、非常に残忍な性格の堀田《ママ》〔正しくは織田〕だった。彼のもとで、民衆は辛い生活を送り、あらゆる不幸が頻繁に起こっていた。黄門は聡明な人物で、民衆の友、将軍の親戚である彼はいつも民衆の味方だった。あるとき堀田は、将軍が犬年の生まれであることを理由として、犬の殺生は処刑に値するとし、それを禁じる。
ある日、魚屋の久五郎が犬を殺してしまい、投獄される。盲の按摩師であった彼の父の玄碩は息子の行く末をひどく心配する。その後、知人が玄碩を牢屋に連れていき、玄碩は息子と言葉を交わした。息子は父に「わしは大丈夫だ、心配されるな、親父さま」と言った。だが父は、息子は処刑されてしまうと考えていた。久五郎が殺した犬は、城内の能楽師範の藤井紋太夫が将軍に贈呈した犬だったからだ。久五郎はうっかりこの大切な犬を殺してしまったのだ。

後日、玄碩は菓子売り《〔ママ〕》〔正しくは簪売り〕の三浦《〔ママ〕》〔正しくは渥美〕に会う。菓子売りは彼に、今日は黄門が菩提所への仏参りの日だと言う。「そこで彼を待ち受け、訴え出てみてはどうです。そうすればおそらく息子さんは釈放されるでしょう」。玄碩は鳥居のところで黄門が出てくるのを待つ。すると、そこで彼は犬に咬まれてしまう。そこに現れた茶事の同朋、多賀得斎が彼に薬をくれる。さらに黄門が出て来ると、玄碩は彼に訴願し、息子の不幸を詳細に話した。黄門は非常に憤慨し、堀田を叱りとばした。ちょうどそのとき玄碩を咬んだ犬が再び走りよってきた。黄門は自らその犬を殺し、人間は犬よりも貴いのだと言った。堀田は玄碩の息子を罰することなく釈放する。これが黄門の知性と公平さを描いた物語の前半だ。

そして後半部。飴屋という菓子売りがいた。彼は黄門の間者《スパイ》である。黄門は、民衆の窮状を知るために間者を使っていたのだ。飴屋は、「河童」という蔑称を持つ恐喝者の吉蔵が、同じく悪党の黒沼《〔ママ〕》伴右衛門〔正しくは黒崎伴右門〕というサムライと道ばたで会っているのを目撃する。

　吉蔵は黒沼のある秘密を知っていた。恐喝者の吉蔵は黒沼に百両を要求している。黒沼はこれを拒否する。吉蔵が秘密をばらすと脅すと黒沼は怯えて、明日までの形代に吉蔵に高価な品を渡した。黒沼の秘密は次のようなものだった。将軍綱吉には巨大な船があった。これを維持するために多額の出費が必要である。若い役人たちの何人かはこの船を壊してしまいたいと思っていたが、その口実がない。すると黒沼が堀田から密命を受け、泳ぎの上手い吉蔵に、夜中に船まで泳いでいき船艙に隠れさせ、そこから「伊豆へ行こう！」と叫ばせた。伊豆はこの船が造られた港湾である。吉蔵はこういう具合にやったのだ。すると、船が夜な夜な泣いて、伊豆に帰りたがっているという噂がたった。堀田はこれを将軍に報告し、船を解体するように助言した。船は解体され、堀田とその仲間たちは、船の金でできた部分をせしめ、多額の金を得た。これこそが吉蔵がばらすと脅し、黒沼を強請《ゆす》っている秘密だった。黒沼が金の担保に吉蔵に渡した高価な品は、将軍の紋が入った船の金物だった。

菓子売りの飴屋はこれを目にして、黄門に伝えた。吉蔵はその品を受け取り、金を受け取る前祝いを仲間たちと茶屋で開く。そのとき、大名の稲葉美濃守が従者たちを連れて道を通った。酔っぱらった吉蔵とその仲間たちは、その殿様の従者たちと喧嘩を始め、吉蔵は縄にかかる。

取り調べに際して、吉蔵は「お前は堀田家の家臣である伴右衛門から高価な物を受け取ったらしいな。なぜ彼はお前にそんなものをやったのか?」と問われた。水責めや火責めを受けたが吉蔵は白状しない。

町奉行は「将軍のために白状いたせ」と言った。吉蔵は「将軍のためとあらば、残らず申し上げまする!」と答えた。そしてすべてを語った。

吉蔵は、能の師範である藤井紋太夫もこれに参加していたことを白状していた。黄門のお屋敷ではお能が上演されている。そこでは、黄門もまた舞台にあがっていた。彼の能の師である藤井も演じるはずだったが、彼は自分の秘密が黄門に知られていることが分かっていたため、病を理由に欠席していた。上演されるのは黄門六十一歳の誕生日を祝う演目だった。多くの客人が集まり、堀田家の家来黒沼も贈り物を携えて来ていた。黄門は一連の秘密を知っていたため、贈り物は受け取るが、黒沼の参席は許さない。また、盲の按摩師もささやかな土産を携えて参上していた。黄門は大いに喜び、彼を招き入れて、観劇席に招待した。黄門はさらに、彼に堀田から受け取った高価な菓子折りを遣わした。

芝居が行なわれる。ちょうどそのとき、紋太夫の伯父は、紋太夫の家を訪れ、次のように言う。「秘密を拵えているのだろう。家臣はさような秘密を抱えてはならぬ。切腹《ハラキリ》いたせ」。紋太夫はこれを拒否する。すると伯父は刀で紋太夫に切ってかかる。紋太夫は扇を遣い、これを防ぐ。踊りの師範たる見事な手練であった。そのとき、使者が現れ、「押して出仕し、芝居を見るよう」という黄門の申しつけを伝える。紋太夫は肉親に別れを告げ、戦き出ていく。

楽屋で黄門を待つ紋太夫。鍾馗《ショウキ》（悪魔）を演じていた黄門は、恐ろしい衣裳を身に纏っていた。彼は、全員部屋を出て、紋太夫だけ残るよう命じる。二人だけになると、黄門は次のように言った。「そちは才智に長けた人間で、この方はその将来を確信していた。しかし今となっては、いささかも信ずること叶わぬ」。紋太夫は言う、「申しわけはござりませぬ」。黄門は尋ねる、「そちはハラキリを拒んだか？」。紋太夫は答える、「はっ」。そのとき従者が黄門に出番を告げた。黄門は紋太夫に言う、「面《おもて》を持て」。紋太夫は面を差し出した。すると黄門は故意にその仮面を落とし、さも紋太夫がやったかのようにそれを打ち割った。黄門は立腹したかのように振る舞う。この無礼者め！　と。黄門は刀をとり、紋太夫を手討ちにする。こうして黄門は個人的な怒りを口実に、紋太夫を罰した。それから黄門は舞台に出て、泰然と役を演じた。

幕が降りていく。僕の隣の、和服姿の敏腕家で哲学者のような外見の客が、隣の客に話しかけた。
「今日の魚市場、株のレートはどうなってる？」「今日、君は株式取引所に行かなかったんですか？　下落か。ストライキだな」

僕は自分が二十世紀に生きていて、入り口にブーツを置いてきたことをはたと思い出した。

［註釈］

日本演劇の起源は（貴族の）「猿楽」と（民衆の）「田楽」で、音楽と唄から構成される。両者は統合し、そこから「能芸」が生まれ、そこで音楽と唄に踊りが加わった。「能芸」の踊り手は、（「古代ギリシア・ローマの悲劇俳優が履いた半長靴の」コトルノスに似た）高いゲタを履いて演じた。これは八百年以上も前のことだ。

およそ六百年前、中国からの明らかな影響のもと、日本貴族たちの邸宅で行なわれる「能」が生まれる。能では、音楽と唄に合わせて、お伽噺あるいは笑劇の粗筋を持った踊りが演じられる。能の踊りの技術は、かかとを中心とした螺旋状の回転と、ゆっくりとしたすり足の歩みの組み合わせにある。踊りは、タビという親指が分かれた靴下を履いて行なわれる。舞台面には、磨きあげられた板が張られている。舞台は、三方向を観客に囲まれた板張りの台に、役者が舞台に入ってくるための小さな橋掛りがついている。オーケストラは通常七人の演奏者からなる。彼らもまた同じ舞台上にいる。音は、鼓という小太鼓や、竹のフルートがある。俳優たちは仮面をつけて演じる。もっとも初期の、頭を覆う仮面は「ギガク〔伎楽面〕」と呼ばれ、その後の現在まで使われている顔だけ覆う仮面は「ブガク〔舞楽面〕」と呼ばれる。能の登場人物は貴族たち自身が演じ、専門俳優は、ただ能の教師だけだった。封建社会の崩壊とともに能は衰退し、現在では寺社や巨大新聞社の家屋で能愛好者のためにときおり演じられるだけである。

十七世紀の初頭、ゲイシャの阿国とサムライの山三郎が、京都の芝居小屋で、サムライが書きあげた小さな舞台を上演し、その後の歌舞伎、すなわち都市ブルジョアの演劇の起源となった。簡素な舞台からその後の世俗ドラマの世話物や英雄悲劇の時代物が発展した。歌舞伎の小さな芝居小屋は急速に日本中に広まった。演じ手はおもに女性たちであった。彼女たちによってもたらされる精神的堕落を怖れた統治者は、女性による上演を禁じた。それから暫くの間、歌舞伎は姿を消す。

この間に生まれ、前代未聞のこれまで見たことのないような理想型にまで達したのが人形劇だった。劇作家の近松〔門左衛門〕は、この人形劇のためにいくつもの古典戯曲を書き、それらはのちに歌舞伎の演目へ入ることになる。

その後、ある興行師が、女性役も演じる男の俳優たちだけを集めて歌舞伎劇団を創設した。この男性からなる劇団は上演を許可された。このときから今日まで歌舞伎では、男性だけが演じている。歌舞伎の復興には、人形劇の試みも寄与し、俳優の技術も複雑化した。十八世紀の終わりには、歌舞伎は現在にまで続く高い水準に達した。そしてこの時代に俳優の「王朝」、有名な俳優の家系も形づくられる。そこで第一子は定められた名声に向かって幼少時から育てあげられる。こうした王朝のなかで今日もっとも有名なのは、菊五郎、男女蔵、梅幸らの尾上家、羽左衛門、亀蔵らの市村家、左團次、松蔦らの市川家、歌右衛門、福助、鴈治郎らの中村家である。

十八世紀の終わりにかけて、当初は橋掛りつきの能舞台と同じだった歌舞伎の舞台が、徐々に現代の形を獲得していった。まず、客席から舞台に伸びる長い橋舞台の花道が登場した。最初の頃、花道は俳優が入場するための橋掛りと一緒に用いられた。その後、花道がこの目的のためにも適していることが明らかとなり、橋掛りは使われなくなった。一七九三年に廻り舞台が発明された（これらの情報はロマン・キムの著作による）。現在、歌舞伎小屋を構成するのは、廻り舞台、舞台上には義太夫(3)たちの下に座する鼓、柝打ち等のための桟敷（下座）、また義太夫のための高床（ちょぼ床）である。舞台から客席に向かって二本の花道が走る。これは本花道（大きく、常設）と仮花道（小さく、仮設）という。どちらの花道も客席後方の壁まで伸び、揚幕という切り目の入った帳《とばり》で仕切られる。俳優たちは、この帳を通って花道に出てくる。揚幕の奥には、地下の廊下に通じる階段があり、その廊下は客席の下を通って花道への出入り口と舞台とを繋いでいる。この廊下は、奈落と呼ばれる。

舞台装置は、立体的な木造と十年ほど前に輸入されたヨーロッパのキャンバス地の美術から構成される。衣裳や小道具は、古くからある本物を使っている。歌舞伎俳優の技術は、踊りの条件性と自然主義の組み合わせにある。怒り、笑い、苦しみといった、ほとんどあらゆる感情のため、約束づけられた規範的な身振りや表情が存在している。だが、例えば、死ぬ場面などは、完全に自然主義的に、お腹を痙攣させて見せる。日本の俳優たちの演技は象形文字的だ。日本人は我々にはほとんど分からないような俳優による身振りの転換の意味を自由に読み解いている。象形文字と同じように。歌舞伎俳優の条件的な演技は、例えば怒りといったものを描き出すと同時に意味している。日本の俳優たちの演技は、恐怖や乾くほどにまで搾り出した感情の演劇的な象形文字なのだ。

顔粧は、人物の役柄ごとに規則づけられている。必ず登場する「ヤサシ」(高潔な主人公、犠牲者など。白い顔、細い眉)、「カタキヤク」(荒々しい戦士、獅子の口元、派手な眉、目尻は下に垂れ下がる)、「オニ」(悪魔、縞模様の顔)などである。

六、

前衛座

プロレタリア劇団「前衛座」の芝居に招待された。象形文字《ヒエログリフ》とアラビア数字が書かれたチケットを受け取り、その半券の裏には赤い五芒星が記されている。自前の小屋を持たない劇団「前衛座」は、築地にある小山内〔薫〕の劇場で芝居を行なっていた。彼らはレパートリーのアプトン・シンクレア作『プリンスハーゲン』を上演していた。日本のデカダン派らによって建てられた未完成の内部は、若い学生たち、警察や刑事でいっぱいだった。経験の乏しい演出家による芝居はお粗末で、彼はメイエルホリドやスタニスラフスキー、クレイグらの演出における深い洞察を何も理解していない。俳優たちは、演技は下手だが情熱的だ。政治的なモノローグの場面になると、道ばたで扇動者が壇上からするように、舞台から客席のほうに向かって声のかぎりそれを絶叫した。その途端、寛容な教師のような体《てい》で座っていた警察たちが立ちあがり、持っていたサーベルをがちゃつかせた。第三幕を俳優たちはインターナショナルを歌って終えた。それが芸術にとって必要である限り、警察は彼らがその旋律を舞台裏で歌うことを許可したのだが、彼らは厚かましくも舞台の上に残り、まだ幕が（極めてゆっくりと）下がっている途中に、声のかぎりその言葉を歌っていた。このおかげで彼らは別の日の芝居を禁じられた。僕は前衛座の俳優の誰かと知り合いたかった。二日後、それは叶うことになる。

僕のところに来たのは吉田〔好正、すなわち杉本良吉か。本書の「解説」参考〕というコソヴォロトカを着てソヴィエト帽をかぶった二十歳の学生だった。彼は玄関のセメント床のところでしっかと立ち止まり、竹製の透き通るカーテンの向こう側から僕をみて、まったく我々と同じような身振りで帽子のひさしに手をやり、労働者風に手首の高さにまで肘を持ちあげる。習慣として彼は自分の靴を玄関で脱ぎ、靴下だけになって僕のところに来た。僕たちは座布団に座った。彼はロシアの言葉を口にしたが、それは確固とした重量のある発音で、あたかも我々の衣服や習慣のように、洗練されていない、素朴な発音でもあった。彼は僕に、メイエルホリド主義者として、ソヴィエトの左翼演劇について、プロレタリア劇団前衛座のメンバーのために講演をするよう提案した。僕はそれを了承した。一週間後、吉田は僕についてきた。

僕たちは往来に出た。五プード〔一プードは約一六・三八キログラム〕ほどもあるオランダ人を荷車で運び、ゴム製の梨型をした自動車のクラクションをけたたましくならしながら、下着一枚で蹄のような長靴下に巨大な帽子をかぶった小さな人力夫が走り抜ける。警察はトロピカルヘルメットとメリヤスの手袋をして交差点に立っている。列をなした高等学校生が、巨大な野球ミットを振りまわしながら通り過ぎていく。

僕たちは緑色の路面電車にゆったりと座っている。運転士は立ったまま、スイッチのついた銅製台に向かっている。四回乗り換えた。一時間ほどして、僕たちは小邸の庭に入っていった。庭は若い松で飾られ、それは曲がったり、まっすぐだったり、月桂樹と十字に絡まっていたりしていた。室内は黄色いゴザが敷かれ、「労働農民党」と劇団「前衛座」の攻撃的なポスターが掛かっていて、三十人ほど集まっていた。ある者は床に座り、別の者は部屋を行き来し、また別の者は本棚の側で話をしていた。部屋の奥の紙の壁が動かされ、節くれ立った竹からなる垣で囲われた青い松のある箱庭が小邸の四つ目の部屋のようにそこにあった。ゴザの上には座布団が並べられている。僕たちなら椅子を並べているだろうが。奥の壁の側には教室の黒板が置いてある。吉田が僕をみなに紹介し、そして仲間たちをそれぞれロシア語で僕に紹介した。

僕は演出家の佐々木〔孝丸〕にも紹介された。小さなよく動く男で、髪を剃っており、手はポケットに入れ、力強い眉と不屈のまなざしを持つ男だった。丸顔で足が太く、剛健とした身体。冷静さと狡猾さ、実行力と情熱を感じさせた。

それから僕は劇団の俳優たち、吉田に似て、真面目で長髪の痩せた学生たちと知り合った。彼らはメイエルホリド劇場における、革命の数年間に生じ、そこから構成主義、ビオメハニカ、そして革命演劇の理念そのものとともに広がっていった、闘志の血筋から生まれた稀有な俳優たちだった。これは、最初のブルジョア革命のときには目にすることのなかった俳優、アジテーターのウミツバメたち〔暴風の前に現れるので暴風・動乱を告げる者の象徴とされる〕で、彼らは政治的な凪のときには現れない。そうでなくとも、彼らはとても良い人間たちだった。

最後に、僕は女優たちと知り合った。彼女らのうち三人は高等学校生で、二人は両親に隠れて稽古に通っていた。家ではおそらく着物を縫い、客間用に花を生け、勇ましいサムライについての感傷的な物語が載った女性誌を読み、あるいは新潮社から出ている装丁の凝ったツルゲーネフの小説を読んでいるのだろう。家では礼儀正しい日本の娘で、ここではルナチャルスキーやシンクレアの戯曲を稽古している。彼女たちは、演出家の指示に従ってモノローグを読みあげるが、そうしたセリフの一つでも聞けば、両親たちは卒倒するだろう。こうした日本の女性コムソモール員たちは、大衆と外見上の違いがまだそれほどあるわけではなかった。彼女たちはむしろロシアの女性ナロードニキ、この控え目な熱狂者、内気なヒロインたちを想起させる。勇ましき女性たちの第一世代なのだ。闘争のなかで烈しく振る舞う機会にはまだ恵まれていない。彼女たちは、革命家たちの制服——短いスカートと短髪——のもつ荒々しい利便性をまだ知らないのだ。

レクチャーを始める時間となった。客席では各々あぐらをかいて平たい座布団に座っている。通訳は若く才能あるプロレタリア文学者の蔵原〔惟人〕で、東京でロシア語に良く通じた人物の一人だった。彼は僕の横で、小卓の前に立っていた。始めるにあたり僕は聴衆に目をやる。彼らと会うのは初めてなのにも関わらず、言いようのない親愛の情が突如として僕を捉えた。それは異郷で同胞に出会えたときに抱くような喜ばしい感情だった。彼らは本質的に僕の同胞なのだ。僕たちは時代をともにする同じ土地の生まれだった。今の僕たちをつくりあげた、この十年間〔という時代〕の同胞だ。我々が育ったこの十年は僕たちをほとんど同じように育み、第二メシャンスカヤ通りに住んでいる四十歳の隣人よりも、この二十代の東京の若者たちのほうが、僕には遥かに近しく理解できる。

僕は喋り始めて、舞台装置の図を描いたチョークの線で石盤を汚しながら二時間ほどでその駆け足のレクチャーを終えた。吉田が、無償で講演をしてくれたお礼に俳優たちが宴会をしたがっている、と言った。日本人の学生たちは、おそらく食事をするよりも頻繁に飲み会を開いているのだろう。僕は了承した。

再び、ゆったりとした路面電車。テラスから構成されるインド寺院の形を模した帝国ホテルの側を通り過ぎる。エントランスには三人のアメリカ人セールスマンが立っていた。彼らには、ある外国人がもつ驚くほど居丈高な態度がみられた。自国の言葉で話すという自分の無能さを自慢げに披露しながらも、それと同時に自分たちに示される敬意に当惑している外国人だ。息づき沸き立った緑に覆われる日比谷公園の側も通った。たくさんの自転車があちらこちらへと走り、澄んだスポークが輝いている。皆が自転車を都会人の本能的な巧みさ、日本人の勇ましい技術で乗りまわしている。右手には商業地区丸の内の四角い摩天楼たちがそそり立つ。会社、オフィス、百貨店といった建物だ。九階建ての立方体たちの間を広い大通りが走っている。向かいには、堀と空色の壁に囲われた皇居の神聖な一画が佇んでいる。君主制の突風が、皇居に背を向けて欄干に肘をつき、産業高層ビルをじっと見つめる野次馬の帽子をはぎ取り、運河に投げ捨てた。

タクシーや人力車が四角く取り囲む平らな広場が見え隠れする。僕たちの路面電車が黒い羽織を来た日本人女性を轢きそうになる。彼女は即座に全方向に身体を動かし、うまく飛び抜けた。あたかも撮影に失敗して、四つの動きが即座に現像されてしまった写真のようだった。驚いた日本人女性に特徴的な動きだ。

突如、銀座が現れる。タクシーの列、上質ウール生地の縞のジャンバーと空色のズボンをはいた鼻の低い粧し込んだ人々、ワインのお店、礼儀正しく人の良い刑事たち、歩道に座り込んで無関心な新聞の売り子たち。ドアを開け放ったカフェー、その奥に文学者や学生たちが席につき、アメリカ風の店員はカウンターに肘をつき片足を銅製の細い足置場にのせている。木製のカウンターの上には黒人の彫刻に似たバナナが入れられた飾り瓶が見える。色鮮やかな着物の女給たちは木盆の上にソーダやウイスキー、ビールをのせて運んでいる。それから彼女たちは客席に座り彼らと話に興じる。これも彼女たちの仕事の一つだった。

ようやく僕たちは到着する。レストランではブーツを脱がなければならなかった。女中は宴会を個室にあてがい、そこには足台ほどの高さの漆塗りの小卓が並んでいた。外国人のために開く懇親会、その裕福な参加者たちは、総力をあげて参加者たちから五十銭ずつかき集め、それを僕の目に入らないよう努めている。二人の学生が五十銭を持っておらず、どこかへ姿を消した。お金の入った帽子は着物の袖の下から女中に渡される。饗宴が始まった。僕たちは木の箸でサシミ——生魚——を大根おろしに浸けて食べる。とても美味しい。それからスキヤキ——これは薄切り肉で、（もし可能なら）すき焼き鍋で焼くか揚げるか、あるいは煮る——を食べた。正確にスキヤキの調理方法を記しているか自信がない。宴会が終わりに近づく。ご飯の木桶は空になり、すき焼き鍋は女中が持って行った。演出家の佐々木は、もう一人の演出家である村山〔知義〕となにごとか論争を始めている。次第に懇親会の参加者たちが論争者たちの周りに集まり始める。僕は——客人で、外国人、さらに言えば敬意を表されている僕は——忘れ去られ、脇に置かれている。目の前には背中の輪があるだけで。これは非常に遺憾なことだ。

極めて穏やかに僕は吉田の肩をたたいた。

――彼らは何を話しているんですか、吉田さん？

――そ、それはその、天気についてです。

彼はバツが悪そうに答え、再び論争者たちの方に向きを変えた。明らかに彼は熱中していた。

十分ほど経った。議論は白熱している。佐々木は拳で小卓を叩いている。聴衆はなにかを叫んでいる。

――彼らは何を言い争っているんですか、吉田さん？

――そ、それは、訳すのは難しいです。ロシア語があまりわからないので。

彼はロシア語をとても良く知っている。なにが起こっているのだ？

一週間後、正直者の吉田が僕に白状した。議論は佐々木の発声によって始まった。僕のレクチャーは一面的だった、と。僕はメイエルホリド劇場の技術的な側面についてたくさん話し、そのイデオロギーについてはほとんど話さなかった。

一方、彼らはまさにイデオロギーについて興味をもち、聴きたかったのだろう。

それから議論が始まった。はたして日本演劇は革命以前なのか革命を目前にしているのか（ロシア演劇、これは革命演劇だ）。最終的に議論は日本の革命の期日に関するものとなった。

大きな叫び声と小卓を打つ拳を思い出す。僕はこの手で日本の歴史に触れてしまったのだ。

［註釈］

日本における初の西洋的な演劇は、一九一二《〔ママ〕》年〔文芸協会のことであれば一九〇六年設立〕に著名なシェイクスピア学者である坪内〔逍遙〕教授によって設立された。この劇団では、シェイクスピアやイプセンの戯曲が演劇愛好家たちによって演じられた。劇団は成功することなく閉鎖に追い込まれた。

その翌年、小山内薫博士と有名な歌舞伎俳優の市川左團次によって「自由劇場」が設立。この劇団では、古典劇の俳優たちがヨーロッパの戯曲を演じる試みがなされた。しかし、この劇団も観客の関心を引くことができず閉鎖する。

一九一四年、小山内薫はロシアに渡航し、モスクワ芸術座に通った。帰国後、スタニスラフスキーの演劇思想の確固たる伝道者となる。一九一七年、小山内は子爵の土方〔与志〕と共に、彼の資金を使って東京の築地にあらためて劇場を作った。この劇場で小山内は主にモスクワ芸術座の演出をコピーし始めた。

一九二二年、子爵の土方がソ連を訪れ、メイエルホリド劇場に足を運び、日本に「演劇の十月」の思想〔ロシア十月革命になぞらえて、メイエルホリドが提唱した革命的な演劇運動の思想〕を持ち帰った。このときから、日本国内の西洋化演劇は左翼演劇へと姿を変えた。土方は築地劇場で指揮を取り始める。劇場で上演されるのは、ドイツ表現主義、フランスユナニミスム、ソヴィエトの作家たちの戯曲である。西洋化演劇から左翼演劇への変転は、「西洋的エキゾチズム」から、日本を含む全人類を現在興奮させている思想への変転に姿を変えている。

次なる段階は、政治的な左翼演劇の登場である。東京には、演出家の佐々木と初めての表現主義俳優の千田〔是也〕が主宰する「前衛座」（ここから最近「前衛劇場」に分裂している）、河原崎長十郎が指揮を執る「心座」、そして「プロレタリア劇団」が現れた。大阪には、高洲〔基〕を演出家に据えた「群衆劇場」が出てきた。これらの劇団は自分たちの劇場を持たず、一つの場所に定住することなく活動している。

七、

葉山嘉樹

露日文学協会〔日露芸術協会〕が東京で出版している小雑誌『日露芸術』の巻末ページでは、ソ連全権大使の通訳官スパルヴィンと、同じく通訳のテルノフスカヤが、毎号日本の作家や詩人たちの作品を翻訳し紹介している。そこで僕は、日本のダダイストたちの詩や協会員たちの堅苦しい論文に交じって掲載されていた、三ページの短篇小説を発見した〔『日露芸術』一九二七年三月号〕。葉山嘉樹という署名に僕はそれまで馴染みがなかった。編集者の註釈では、葉山嘉樹氏は雑誌『文芸戦線』を中心としたプロレタリア派の一員であり、現代の日本プロレタリア作家の中でもっとも才能ある人物の一人だと書かれている。
僕はその短篇小説の力強さに驚いた。小説では日本の民族的な優美さと表現主義者の激しさが結合していた。それと同時に、モーパッサンやバーベリを思い起こさせもする。一言で言えば、短篇小説の良さがすべてあった。複雑な事物を組み立てる素朴な巧みさは民話のそれで、作者が求める明快で簡潔な記述は若い階級の文学独特の語り口を思い出させた。この短篇小説のタイトルは「セメント樽の中の手紙」という。小説は次のように始まる。

松戸与三はセメントあけをやつてゐた。外の部分は大して目立たなかつたけれど、頭の毛と、鼻の下は、セメントで灰色に蔽はれてゐた。彼は鼻の穴に指を突つ込んで、鉄筋コンクリートのやうに、鼻毛をしやちこばらせてゐる、コンクリートを除りたかつたのだが、一分間に十才づつ吐き出す、コンクリートミキサーに、間に合はせるためには、とても指を鼻の穴に持つて行く間はなかつた。

〔……〕

彼が仕舞時分に、ヘト〱になつた手で移した、セメントの樽から、小さな木の箱が出た。〔……〕彼は石の上へ箱を打つ付けた。

彼は小箱を壊す。すると、「ボロに包んだ紙切れが出た。／それにはかう書いてあつた」。

——私はNセメント会社の、セメント袋を縫う女工です。私の恋人は破砕器へ石を入れることを仕事にしてゐました。そして十月の七日の朝、大きな石を入れる時に、その石と一緒に、クラッシヤーの中へ嵌りました。

仲間の人たちは、助け出さうとしましたけれど、水の中へ溺れるやうに、石の下へ私の恋人は沈んで行きました。そして、石と恋人の体とは砕け合つて、赤い細い石になつて、ベルトの上へ落ちました。ベルトは粉砕筒へ入つて行きました。そこで鋼鉄の弾丸と一緒になつて、細く細く、はげしい音に呪の声を叫びながら、砕かれました。さうして焼かれて、立派にセメントとなりました。

骨も、肉も、魂も、粉々になりました。私の恋人の一切はセメントになつてしまひました。残つたものはこの仕事着のボロ許りです。私は恋人を入れる袋を縫つてゐます。

私の恋人はセメントになりました。私はその次の日、この手紙を書いて此樽の中へ、そうつと仕舞ひ込みました。

あなたは労働者ですか、あなたが労働者だつたら、私を可哀相だと思つて、お返事下さい。此樽の中のセメントは何に使はれましたでせうか、私はそれが知りたう御座います。

私の恋人は幾樽のセメントになつたでせうか、そしてどんなに方々へ使はれるのでせうか。あなたは左官屋さんですか、それとも建築屋さんですか。

私は私の恋人が、劇場の廊下になつたり、大きな邸宅の塀になつたりするのを見るに忍びません。ですけれどそれをどうして私に止めることができませう！　あなたが、若し労働者だつたら、此セメントを、そんな処に使はないで下さい。

いゝえ、ようございます、どんな処にでも使つて下さい。私の恋人は、どんな処に埋められても、その処々によつてきつといゝ事をします。構ひませんわ、あの人は気象の確りした人でしたから、きっとそれ相当な働きをしますわ。

あの人は優しい、いゝ人でしたわ。そして確りした男らしい人でしたわ。未だ若うございました。二十六になつた許りでした。あの人はどんなに私を可愛がつて呉れたか知れませんでした。それだのに、私はあの人に経帷布を着せる代りに、セメント袋を着せてゐるのですわ！　あの人は棺に入らないで、回転窯の中へ入つてしまひましたわ。

私はどうして、あの人を送つて行きませう。あの人は西へも東へも、遠くにも近くにも葬られてゐるのですもの。

あなたが、若し労働者だったら、私にお返事を下さいね。その代り、私の恋人の着てゐた仕事着の裂を、あなたに上げます。この手紙を包んであるのがさうなのですよ。この裂には石の粉と、あの人の汗とが浸み込んでゐるのですよ。あの人が、この裂の仕事着で、どんなに固く私を抱いて呉れたことでせう。

お願ひですからね。此セメントを使つた月日と、それから委しい所書と、どんな場所へ使つたかと、それにあなたのお名前も、御迷惑でなかつたら、是非々々お知らせ下さいね。あなたも御用心なさいませ。さやうなら。

松戸与三は、湧きかへるやうな、子供たちの騒ぎを身の廻りに覚えた。彼は手紙の終りにある住所と名前とを見ながら、茶碗に注いであつた酒をぐつと一息に呷つた。

「へゞれけに酔つ払ひてえなあ。さうして何もかも打ち壊して見てえなあ」と怒鳴つた。

「へゞれけになつて暴れられて堪るもんですか、子供たちをどうします」

細君がさう云つた。

彼は、細君の大きな腹の中に七人目の子供を見た。

（テルノフスカヤ訳〔ただし引用は葉山嘉樹『淫売婦』春陽堂、一九二六年七月より〕）

このように小説は終わる。

一週間後、僕はこの作者と知り合った。葉山嘉樹と会ったのは、プロレタリア劇団「前衛座」の稽古場だった。彼は四角い学生帽をかぶった二十歳の俳優たちと労働農民党の好戦的なポスターに囲まれていた。僕たちは互いに紹介された。彼は質素な着物を着て、タビ（親指の分かれた日本の長靴下）を履き、二十五歳で〔実際は三十三歳〕、とても痩せていて、荷役労働者のごつごつした腕をし、処女のような微笑みを浮かべていた。その微笑みは、かつて「人道主義者」と呼ばれた作家に特有のものだったけれど、それも今となっては滑稽な用語だ。十九世紀の二枚舌的な感傷主義の産物で、長らく忘れ去られていたものだ。共産主義者の葉山も「人道的」などではないだろう。たとえ彼がチェーホフのように微笑んでいたとしても。

僕は通訳を介して自分の喜びを伝えた。

「手当たり次第書いているだけです」。葉山はそう言った。「党であまりに忙しく、書く時間がないんです」と。

通訳の吉田が彼の経歴を語ってくれた。それはマクシム・ゴーリキー、パナイト・イストラティ、そして十万に及ぶ我らがプロレタリア作家たちが有する典型的《クラシック》な経歴だった。貧しい農民の息子で〔実際は旧士族の生まれ〕、幼少期から街の歯車のなかに放り込まれていた葉山嘉樹は、公平への有害なる欲求と教育への滑稽なる愛着に悩まされるプロレタリアートが通るべき道をすべて通過してきた。彼は荷役労働者、水夫、工場労働者、そして鉄道労働者だった。労働争議と労働組合の結成に参加した彼は、牢獄の一日がどれほど長いかを知っていた。第一作の短篇小説〔「淫売婦」、『文芸戦線』一九二五年十一月〕で葉山は一躍有名となり、そして水夫に関する長篇小説〔『海に生くる人々』改造社、一九二六年十月〕でもって彼の地位は確固たるものとなった。彼は多額の原稿料を受け取っていたが、その金は党へ渡して、党員の一人として毎日働いていた。

この二週間後、僕は大阪にいた。そこで僕は二度目の、そして最後となる葉山嘉樹との邂逅を果たした。僕は吉田とともに大阪の霧煙る運河沿いを歩いていた。僕の側を秘密警察〔特高〕がせかせかと歩きまわり、また別の秘密警察は僕の後ろをぶらぶら歩いていた。この夜、ソヴィエト演劇に関心がある京都大学〔京都帝国大学〕の教授の一人とカフェーで会うはずだった。そのため大阪の警察は、僕がソヴィエト国籍の人間として教授をそそのかすのではないかと危惧し、僕に対する密偵の数を急に増やしたのだ。

すでに日本の秘密警察については触れたが、世界中の笑い者であるこの秘密警察に関しては、宝塚市でこの身にふりかかったある出来事を語らずにはいられない。この町では長いこと秘密警察は姿を見せず、僕たちは驚いていた。しかし最終的に、僕たちが劇場のロビーにいたところへサーベルと肩章をつけた警察がやってきて、通訳を介して、僕に向かって文字通り次のように言った。「形式的なことをお許しください。我々はあなたに密偵をつけねばならないのだが、まもなく選挙があって、こちらまでとても手がまわらないのだ」。それから彼は僕たちの席に座り、話している内容を通訳するように頼んだ。

さて、僕たちは運河沿いを歩き、ある曲がり角で葉山嘉樹に出会った。隣には彼の友人がいて、その後ろに二人の密偵がついていた。僕たちは互いに顔を見合わせると、軍隊を前にした司令官のように歩調をあわせて前に進んだ。不慣れな密偵たちは、ぴったりと僕たちにくっついてきた。彼らは僕たちの周りを囲むように歩き、会話の中で僕たちが通りの名前や人の名前を忘れたときに教えてくれたりした。僕たちは手短かに、大阪について、そして僕の出発について話をした。それから葉山嘉樹は離れていった。秘密警察は彼についていった。

こうして「二人の秘密警察に警護されている男」として、彼のことは僕の記憶に残ったのだった。

労働者地区

大阪と横浜の労働者地区を訪れた。大阪は日本のマンチェスターで、日本の産業の中心地、軽工業工場の首都、プロレタリアートたちの故郷だ。横浜は日本のもっとも巨大な港湾で、それに支えられた港町がある。

大阪は、ヨーロッパの都市のような外観はないが、日本のなかで日本的なものからもっとも離れた都市のひとつだ。工場が生み出す噴煙の街、ヨーロッパ各地の首都にあるような捉えがたい陰気さ、あるいは、ヨーロッパ的な不機嫌さをほのかに備えている。その陰気さや不機嫌さは、今日にいたるまで北国特有の広大な文明都市において保たれてきたもので、のちにゴシックという石塊のジャングルになってしまったとはいえ、ヨーロッパの原始的な森林が本来的にもっている湿り気や鬱蒼さに由来する。小さな日本家屋の間のそこここに摩天楼がそびえ立ち、それはまるで小さなパグの群れを見下ろすマンモスのよう、あるいは背の低い日本人たちに囲まれた肩幅が広いアメリカ人のようでもあった。数百の工場の管から立ち上る煙は混ざり合い黒雲を生み出していて、一枚のポスターのようだった。陰気な運河がこの工場ひしめくヴェネチアを裁断していく。運河に流れる水は黒く分厚く、まるで研磨された石だ。巨大な二両連結の路面電車が道を走り、蒸気機関車のように鈍い連続音を発している。仕事に追われ、せっかちに動きまわる憂鬱そうな一群が歩道を往来している。出版社の屋舎から狩猟に走り出ていくのは通信記者だ。校庭では学生たちがボールで遊んでいる。

大阪の労働者地区はほとんど中国のように汚れている。大体において日本の道路は中国とは違う。それはベルリン中心地の道がルーマニアにある小村の小径と違うのと同じだ。しかし、ここでは民族的な清潔さを義務として受け入れることを投げ出している。運河沿いには乞食の着物のようにぼろぼろになった紙の壁を備えた三階建ての不格好な家屋がひしめき合っていた。竹竿には洗濯物が干してあって、そのぼろぼろの旗は赤貧の証だった。つぎはぎだらけの家屋は貧乏人たちで溢れていた。

日本のプロレタリア詩人である井上増吉は東京のプロレタリア地区についての詩を書いた。地獄の描写のように恐ろしい詩だ。こうした地獄のような地区の住人たちが逃げ出し、身を隠そうとするときはいつも、大阪の穴ぐらに移り住む。井上増吉の詩の断片を引いてみよう。解説は不要だ。

労働者の葬列について――

〔……〕
常さんの死骸は
蜜柑箱に　入れられたまゝ

一人の葬礼人夫に担がれて
火葬場へ……
長屋の見送人は
私　たゞ一人でありました
〔井上増吉「蜜柑箱と只一人の見送人」『日輪は再び昇る』一九二六年十二月より〕

家族について――

私の長屋の――一軒おいて
東隣の三畳敷に
年の頃
三十二三のお銀さんと

いふ女房がいた。

手伝上りの夫の粂さんは
四十近くだが、
今は中瘋と生殖器不能病で
何にも仕事は出来なかツた。

生活の圧迫は犇々と
哀れな二人へ押し流すやうに
迫つて行つた。

お銀さんは夫を餓死から
救ふ為に、迫に淫売婦と
ならねばならなかツた

夫の寝床の側で、
夜な〳〵変つた客を
引き込んだ。

〔……〕

五六ケ月は辛うじて
過ぎたが飢ゑは矢張り
二人の上に……。

〔……〕

或る晩――十二時過。
お銀さんは彼女の家の前で

103★102

法被を着た大工風の男と
立話をしてゐた。

「あんな中瘋の男を
見棄てゝ　俺の嬶になれ！
日に俺は三円近くは儲けるぞッ……。」

「イヽエ――妾は貧のため、
或る時は二銭で　肉を
売る場合があつても
心までは売れまへん!!」

と。きつぱり断つた。

八、体験（スローライフ）

大工が毎晩の様に
嫐になれと其の後
続けて要求した。

お銀さんはうるさがつて
病める夫を連れて大阪へ(5)——

〔「二銭と女の操」、前掲『日輪は再び昇る』より〕

あたかも日本のネクラーソフが書いたかのようなこれらの陰鬱な詩は、どのような記述よりも雄弁だ。僕たちはここで、あらゆる資本主義国家（ニューヨークであれ、東京であれ、パリであれ、コルカタであれ）における貧民窟という変わることのない労働者の日常を知る。

霧雨が大阪に降り煙る。中心街では路面電車から降りてくる人々が昇降用の足場に立ち、身体の前で紙製の傘をまるで盾のように開いている。労働者地区の住人は自分の穴ぐら、「三畳間」、つまり二平方アルシン〔一アルシンはおよそ七一センチメートル」の小部屋に身を隠す。

＊

横浜は三層に分かれた海沿いの都市である。シュロやアカシアで彩られた街、関東大震災で破壊された街、そして黄色人種たちの街だ。しかし、その半分に白人が住み、太平洋の空気が漂い、アメリカ訛の英語が響き、水兵の未亡人たちが娼婦となる場所でもあった。

横浜の港湾は世界有数の大きさを誇る。にも関わらず、その湾の一方の岸からもう一方の岸まで足を濡らすことなく渡ることができる。ただ甲板から甲板へと歩を進めればいいのだ。それほど湾は船で埋め尽くされている。汽船は逆さまになったアイロンそっくりに、舷側を接して立っている。円筒状の管が間断なく煙を吐き、遠くから眺めれば、そこが街でもっとも居住者の多い地区だと思うだろう。毎日汽船を揺り動かす満潮は、はたして地震で毎朝震える日本の陸地のカリカチュアだろうか？

万国の旗が海上に舞っている。ドイツの鷲はカモメより大きく、トルコの半月はアメリカの星々の上に高く揚がっている。ソヴィエトの赤い旗が朝焼けのように真っ赤に映え、その側を日本の太陽が昇っていく。

波止場では日本人の荷役労働者たちが、海水パンツと背中に社章の入ったダボシャツを着て、巨大な荷を運んでいた。汽船から降りてきた三人の水夫たちは手を取り合って互いに引っ張り合い、転がっていた石でサッカーをしながら波止場を歩いている。耳に白いイヤリングをつけたマレー人は、ぼろぼろのセーラー服を着て、雑役夫特有の巨大な手をしている。黒い乳首に食い込む網シャツを着た鼻の低い黒人は、太った人間から借りたのだろうか、ぶかぶかに緩んだズボンを履いている。猫背で背の高いインド人は、唇が薄く、継ぎ当てたスカートを履いている。彼らは港に接する地区の闇へと降りていく。ここで貧民たちの呼吸が彼らを抱擁する。インド人は、この不浄の匂い、柵に干してある湿った布地の馴染みある匂いを吸い込み、おそらく生まれ故郷のボンベイ〔ムンバイ〕と思い出している。黒人はシカゴを、マレー人はサイゴン〔ホーチミン〕を思い出す。

彼らは腹を満たすため、薄暗い飲み屋に立ち寄る。その飲み屋は巨大な工場の壁にキノコのようにくっついていた。工場の鋳鉄の管は、円柱のように空を支えている。管から噴出する青いガスの流れがでこぼこの机に映り込み（机の一つには「インターナショナル」の一節が彫られていた）、黒い影が化粧のように落ちている。狡猾な鼻をした中国人の店主は、幅広の編みベルトをし、柔らかいスリッパを履いて、フライパンで吸盤が突起したピンク色の蛸の足、細串を通した青みがかった塩漬肉の切れ端、コンニャクを箸でひっくり返している。それぞれ一皿が五銭（五コペイカ）だった。水夫たちは懸命に堅い蛸を噛もうとする。中国人は、なぜだかずる賢い目でドアの向こうを見ながら、机の下からサケ——米のウォッカ——の一升瓶を取り出した。彼は溢れんばかりの限界まで、酒をなみなみと三杯注いだ。客たちは「ささやかな天才」と言っている。暖簾をもちあげて飲み屋に入ってくるのは、丈夫な足にタイトなズボンを履き、開襟シャツの背中に工場のマークを入れた日本人労働者たちだ。

不機嫌な港の会話が始まる。足らない資金、意地悪い現場監督、隣の工場で頓挫した労働争議、その後解雇された五百の人々について。労働者たちは加速して酔っていく。酒壜はますます透けていき、中の液体の高さは、気圧計のように下がっていき、時化の到来を告げる。

僕は外に出て、街灯の乳白色の明かりの中、工場の壁に貼られた日本労農党の選挙ポスターをみた。ポスターには赤い星とハンマーを振りあげる労働者が描かれていた。

［註釈］

◎人数

「一九二一年、日本のプロレタリアートの総数は、一〇八二万五九二九人に達した」

◎労働日

一九二一年の一日の労働時間	女性一万人中	男性一万人中
一二時間以上	六〇〇人	四〇〇人
一二時間	五三〇〇人	二三〇〇人
一〇時間	二九〇〇人	三二〇〇人
九時間	八〇〇人	二三〇〇人
八時間	四〇〇人	一八〇〇人

◎給料

	一九二一年 物価	一九二一年 給料	一九二二年 物価	一九二二年 給料
一月	一八五	三一三	一九八	三三〇
二月	一七五	三一三	一九九	三三一
三月	一七七	三一六	一八五	三三三
四月	一八五	三一四	一八五	三三四
五月	一八〇	三〇四	一八四	三三三
六月	一八二	三〇六	一八八	三三三
七月	一八七	三〇五	一九六	三三一
八月	一九二	三〇五	一八八	三三二
九月	二〇五	三〇九	一九〇	—
十月	二二七	三〇七	一八八	—
十一月	二一八	三二七	一八三	—
十二月	二〇五	三三八	一七二	—

◎製造所と工場

製造所と工場	工場数	労働者数
織物、紡績、染物工場	一四一七	六二〇四一〇
機械製作工場	六四三	一五八九三八
化学工場	五一二	九二三〇九
食品工場	一七二	二二二〇二
その他	四八一	五四九一四

◎地域

地域	工場数	労働者数
京浜	七八〇	一五六六七二
阪神	八五七	二六六七二二
名古屋と近接地域	二九〇	一二五四五九
北九州	一一五	二四六八六
その他	一二一三	三七五二三四

(O・プレトネル、『日本――小便覧』より)

九、奈良・京都

大阪から奈良へと移動している。鉄道の特急で一時間とすぐ近くだ。聖なる首府である奈良と京都は、商家の玄関にある騎士の鎧のように大阪の前方に位置している。着物姿の農婦たちが、疾走する特急列車の車窓に現れては消えていく。緑がかった太陽がブロンズ色の木々の葉にたっぷりと注がれる。車内の乗客はいつもの通りだ。黒い制服を着た高等学校生たち、鉄の価格上昇について思慮深く話し合う哲学者にも似た着物姿の実業家二人、イラストに溢れた雑誌のページをめくるお団子髪の女性、昔ながらの服装に藁製の靴、ワラジを履いた農民、アメリカナイズした日本の伊達男であるモボ。その伊達男の蜜柑色に光る尖ったブーツと、農民が履く日本の樹皮靴であるワラジが、ラシャを敷いた床に並んで置かれている。今日の日本である大阪から、古代の日本である奈良・京都への僕の旅はこうして始まった。

特急が速度を落とす。窓のフレームに瞬間の絵が過ぎ去っていく。石が鉄柵に覆われていた。モボが窓から唾を吐いている。彼は石に見向きもしない。彼の祖先たちはこの場所を、俯き、這いつくばって進んだ。同じ時代、現在ヨーロッパと呼ばれる場所は、その土地の半分が処女林に覆われていた。そこではフランスの百合が育ち、ドイツの鷲が飛び、ロシアの熊が歩きまわり、イギリスのハイエナが甲高い鳴き声をあげていた。その時代、奈良は日本の都だった。時とともに腐食していったこの石は、平城京の土台である。特急列車よ、止まってくれ！乗客たちよ、窓の外を見てくれ！歴史は簡潔な様式を好む。歴史は自分の草稿を簡素化し、わずかなものだけが残される。この鉄柵の石は、揺るぎなき金言、二〇プードのアフォリズム、石のスローガンだ。宮殿の運命とはかくなるものな

のだ！（ああ、ちくしょう、これは実際崇高なものだ）

モボが再び窓の外に唾を吐く。この哀れな人物は、自分の唾が歴史的にどのような意味があるか顧みることもないのだろう。

奈良駅。車掌たちが窓に向かって叫んでいる。「ナラエキ！　ナラエキ！」。いつもの日本の田舎駅の風景。ベントウ売り――その松の小箱には、米、魚、酢漬けの野菜といった朝食が詰められている。検札係――彼らの顔は退屈のあまり生気を失い、その眼は切符を確認しすぎて藪睨みのようだ。そして、アスファルトのホーム。映画のポスター。

駅舎を出るとすぐさま、電話ボックスの脇の草を食《は》むまだら模様の鹿がいた。奈良は鹿と鳩の街なのだ。鹿たちはこの街／公園の中で自由にそこらを歩きまわり、雄鹿たちは角を砕きながら道端で決闘し、子鹿たちは歩道で母鹿の乳を吸っている。「大きな角の鹿に注意！」と書かれた鹿の絵のポスターがいたるところにある。

ピンク色の紙でつくられた日傘を手に持ち、髪にも小さな青い傘を差した緑色の着物の婦人が道を渡っている。イギリス人の旅行客の一行——男性二人と女性三人——が驚喜して彼女を追いかける。「おお、これぞ本物の日本人女性だ！」。彼らはその女性を穴があくほどに見つめる。イギリス流の歓喜に驚いたその婦人は、一軒目の家宅に姿を隠した。きっと彼女はそこの住人たちに詫びながら、赤毛の人々の破廉恥な行為を訴えるのだろう。イギリス人たちはその行為に対してまた腹を立てるのだ。彼らはお金でも払っているのだろうか？「鹿だってじろじろ見られても逃げ出さないじゃないか。なぜあの緑の女性は逃げるんだ？」とでも言わんばかりだ。彼らは散策を続ける。気取った若い女性《ミス》、五プードの年配の女性《ミストレス》、戦後生まれの紳士、スポーツマンと間抜け顔、そして四角張った背の低い父親。この父親は、燕尾服を着た蟹かビアホールの看板に描かれた海老そっくりで、そのうえ眼が突き出て、顔は赤く、まったく煮え湯で茹でられでもしたかのようだった。

　彼らのガイドが名所を案内している。「これは由緒ある桜の樹なのです。五百年前にもこの樹は古い詩で詠われています。こちらは有名な池です。ここで溺れたのは……」。ガイドの飽き飽きとした顔。彼は喜んでイギリス人一家全員をこの有名な池に溺れさせることだってしかねない。

道が唐突に終わる。石段で囲われた公園。行く手は上に向かう。そこにあったのは第二の都市――寺院の街だった。とりわけ高い赤い木の壁が公園の上に聳えている。格子の中の鬼に守られた巨大な門の入り口で、白い服を着た坊主たちが言葉巧みに札や絵はがきを売っている。隠者たちの家屋が並ぶ。金メッキされた蓮の上に座る仏像たち。ここではすべてが死の密やかさをたたえている。坊主たちはまるで美術館の監視員のようで、神像を観賞するのではなく、神像に祈禱する変わり者たちに対して、彼ら自身もまた驚いているかのようだった。イギリス人たちが再び登場する。ガイドは精根尽き果てた様子だ。彼は仏像の解説員を呼んでいる。解説員は寺院さながら年老いて、おまけに盲目であった。彼は虚空を指で指し示し、もぐもぐと喋る。「この仏陀は奈良時代に造られました。しかし、鎌倉時代に……」。若い女が傘を振りあげ、露骨な好奇心で話の腰を折った。「鎌倉には保養地があるわね。海水浴場もあるし」。解説員は当惑している。少し黙り、再び話しだした。「仏陀が造られた時代は……」

天井を支える米松《レッドウッド》の柱の近くで、小さな子どもたちが騒いでいる。巡礼に訪れた日本人の家族らは子どもたちに、健康で丈夫になるよう願いを込めて、柱の根元にある穴をくぐらせようとしている。二人の少年が、どちらが先にくぐるかで争っていた。少女の方は怖がって逃げ出してしまうので、僕が貸した雑誌『サーチライト』を使って、彼女を神聖な柱の方に誘い込まなければならなかった。その号の表紙では、同志スターリンが何かを喋っていた。

寺院と寺院の間には、トーロー〔灯籠〕という石の献灯が並ぶ小径が伸びている。かつては、こうした献灯は信者である商人たちが献呈していたが、いまでは信仰はないが世故に長けた実業家たちが納めている。

一カ月ばかり前に贈呈された、もっとも大きい献灯の数基にはマッチ工場の広告が刻印されていた。

長身で恰幅の良い頬を赤らめた女性が、献灯の場所と寺を行きつ戻りつしている。千回通れば願いが叶う、という信仰に基づいた行為だ。彼女はすでに疲れ果て、這々の体でよたよたと小さな足台〔ゲタ〕を引きずっている（あの小さな足台がどうやって彼女の重みに耐えているのかさっぱりわからない）。ふらっと散歩をしているような身なりで、その巨体の女はせかせかと歩こうとしている（むしろ走り出したかったのだろう）。早く結婚できるよう縁起を担いでいるのだと思われたくないのだ。彼女は不格好なその掌に紙傘をぎゅっと握りしめる。小声で回数を数えながら。

奈良はこのように、今日のアジアに点在するその他の死せる都市と同じく、荘重で滑稽な場所だった。

京都はもはや死せる都市ではない。超高層建築、カフェー、オートバイ、路面電車。過ぎ去りし寺社の都市から残ったのは名前だけだった。例えば、売春宿の立ち並ぶ通りはギオン〔祇園〕というが、これは仏教の楽園を意味する。古代の寺院は、回転ドアとエレベーターを備えた企業ビルがひしめくなかで、身を縮こませている。京都には日本最大の映画会社がある。革のゲートルと編み込んだジャンパーを着た撮影技師が、時代劇映画のため、忠実にポーズを取る僧侶たちを撮影している。監督はメガホンで「もっと荘厳に！」と叫ぶ。

大阪、大仏寺にて

［註釈］

「現在のニホンあるいはニッポンという名前が初めて用いられたのは、六七〇年のことである。そのときまで、日本を意味する言葉は、ヤマトが用いられていた」

「（日本史における）太古は、およそ紀元零年〔ママ〕あたりから五世紀半ばあたりまでの時代。この時代の日本人たちは、それぞれ族長に支配階級の家系を構えた個々の部族に分かれていた。これらの部族が、現在の日本のおよそ三分の一を占める。彼らは異なる血縁同士、互いに隣り合って生活し、絶えず争いが起こっていた。この統治時代からすでに農業は日本人の基本的な活動であった……都市といったものは当然存在していない」

「六、七世紀。国家としての日本は、（……）族長たちの中の「同輩中の第一人者」の子孫である最優位者がすでに恭順を求めていたものの、まだ形成途中であった。依然として純粋に自然の条件に則って農耕を営み、共同体間の交易も物々交換以上のものではなかった。通貨もまだない」

「七世紀。他国の文化が急速に普及した時代、中国の政治制度を借用する時代である。六四五年以降、日本人が「大化の改新」と呼ぶものが日本に導入された……。中央政府がつくられる。教育制度が設けられ、中国に倣って、役人のための国家試験が導入され、国民全体は、五から十の戸からなるグループに分類され、法律がつくられた」（……）

「八世紀の始めから九世紀までの間……。この時期は比較的平穏に過ぎた。凄惨な戦争も大きな変動もなく、驚くべき速度で文化が発達した。日本史では、八世紀は通常奈良時代、つまり首都にちなんで奈良の時代と呼ばれ、九、十、十一、十二世紀は、平安の時代、つまり現在の京都がかつて呼ばれていた名にちなんでいる」

「十一、十二世紀。この時期は、中央政府がもはや対処できないほど地方の豪族たちが力をつけた。最終的に二つの家柄、平氏《タイラ》と源氏《ミナモト》のもとに勢力が集まった。〔両者の〕戦いは、最初に平家の棟梁に中央権力をもたらし、その後、源氏が平家から権力を奪取し、その棟梁の頼朝は自らを常任司令官（ショーグン）として、実際的には皇帝として宣言した……。封建国家の首都となったのは鎌倉であった（当時はまだ存在していなかったが、東京からほど近い場所である）。

「鎌倉時代（一一九八―一三三三）。この時代、日本に商人階級、職人同業組合《ギルド》が生まれ、中世的な専売や封建時代に特徴的な現象が起こった」

「一三三三年から一五九八年。この時代、日本に全国の端から端まで統一しようとする武家階級が現れる……。日本人たちは通常、この時代を三つに区分する。二朝時代〔南北朝時代〕（一三三三―一三九二年）。室町時代、これは京都御所近辺の〔将軍の〕移住先に由来する（一三九二年から十六世紀半ばまで）。そして無政府時代〔戦国時代〕。最後は信長、そして秀吉（十六世紀後半）によるる独裁の時代へと移り変わっていく。／十六世紀は、日本と西洋の交易が始まった時代である。その当時、交易は禁止されていなかった」

「徳川幕府時代。徳川家のもと日本は再び中央集権国家となった。徳川家の政権は二六五年継続した……。これは、商業資本が平穏に発展し、農民階級が自らの取り分を保つ可能性を与える体制だった。徳川時代は極めて急速に発展した時代で、教養が伸び、諸都市の富と勢力の割合が増大した時代であり、文学や芸術、手工業が開花した時代であった……。徳川治世の日本は鎖国であった。オランダ人と中国人を除いては――彼らとて長崎以外には入れなかったが――、誰も日本と交易することはできず、日本人も外国へ出ることは禁じられていた。一八五三年、日本の固く閉ざされた扉が、アメリカの艦隊によって強引に開け放たれ、中国の場合とまったく同じような通商条約が押しつけられた。このことは、目前にせまっていた革命をより早めることとなる……。一八六七―一八六九年、大変革が実現。幕府崩壊」

（K・ハルンスキー『日本の過去と現在』より）

一〇、日本アルプスにて

人はスポーツに夢中になる。世界各国で数多《あまた》のスポーツ雑誌が見事な写真を掲載し、その撮影技術によって、手を振りまわす円盤投げの選手、雪の中で毛皮を着たスキーヤーたち、トラックに影を落としながら身体を傾ける自転車競技選手たち、あるいは胸にナンバーをつけたランナーたちの姿は永遠に留まる。冬には氷の緑色の表面がスケート靴のニッケルに映り込む。大勢のスキーヤーたちが雪だまりから出たり入ったりする。そりの一群が並んで山を滑り降りてくる。アイスホッケーのパックが弾丸のように疾走する。体育館には、体操用ブランコ、吊り輪、肋木、バレーボールのボールとネットがある。夏はフットボールの試合が行なわれる。ポンポンと跳ねまわるテニスボール。疾走するボートレースの艇。太陽の下の海水浴場。スタジアムでのパレード。そしてハイキング。人類はスポーツに心から熱中する。スポーツとは、もはや十九世紀のような気晴らしやアメリカ的な流行ではない。スポーツは顔を洗うように一般的なものとなった。

日本の山間部では、旅行者たちが夏に山に登る。着物が汚れるのが嫌なブルジョアたちは箱根に足を運び、高等学校生たちはフジヤマに登り、スポーツマンたちは列をなして、日本の南アルプスや北アルプスに行く。

箱根の火山帯は遙か昔に巨人の邸宅と化していた。ブルジョアの家族たちはその山麓に電車で乗りつける。車内が四つの座席ごとに段が高くなっていく登山鉄道、それが彼らを登山道の入り口まで運びあげる。平らな道には砂利が撒かれている。五分歩くごとに、レストランの建つ広場があり、慇懃な店主がスタンプの捺された葉書を売っている。そこでは、すぐさまくたびれてしまう旅行者たちに冷たい飲み物、アイスクリーム、お茶が提供されていた。彼らは木のベンチに座り長机で休憩し、その後、出がけに天井板の下に自分のネームカードを差し込む。山登りは続く。硫黄の匂いはますます強くなり、この上には地獄が待ち構えているかのようだ。しかし、地獄――硫黄の源泉――は不意に背後に退き、あっという間に二十歩先に山頂が見える。そこでは三人のカメラマンが終日待機していた。二円払うと、彼らはいかにも山登りというような、それらしいポーズをした旅行者たちを写真におさめる。いまは双眼鏡と水筒をぶら下げた太っちょの男が、勇ましく断崖にぶら下がっている。まあそのすぐ下にはしっかりと地面があるのだが。彼は大声でカメラマンに怒鳴っている（カメラマンはといえば、この地面を写さないよう必死なのだ）。「ハヤク！　急いで！」

岩壁は落書きで傷だらけだった。僕は日本語が読めないが、ここは一つ刻まれた文字の内容を推測してみよう。

「絶景に心躍る。理髪師吉田、息子とともに」

「我々も心躍った。素晴らしい光景だ。実業家イスギ、家族とともに」

きっとそういったことが書かれている、賭けたっていい。これは箱根登山のスタイルなのだ。

南アルプスでは、近年になって赤石岳《アカイシ》の山頂が「開かれ」た。東京に進出した英新聞『アドバータイザー』のスポーツ記者がその赤石登山の記事を書いていた。僕たちは彼の偉業を辿ることにした。これは単なる運動としての散策ではない。これは、日本の荒野、日本の山間部、〔日本という〕群島が征服されて以降、ほとんど下界に降りてきていない人々が住まう日本のスヴァネティ〔ジョージア北西部の山間地帯〕へのハイキングだ。ノートのように線路の罫線が引かれた日本で、鉄道から六〇露里という距離は、我々ソ連人にとっての六〇〇露里より遠い。列車から降りて、バスに乗る。山間《やまあい》にも舗装道路が三〇露里ほど伸び、その後は山道だった。こうしたバスが、村々の通信を担ってもいるのだ。

自転車も舗装道路を走っていた。彼らは着物の裾を帯に差し込み、足をむき出してペダルを回している。自転車乗りたちは、浅く縦長い日本の荷馬車を牽く、緑色に身を飾った馬たちを追い抜いていく。荷馬車の一つに、（山の農民がみなそうしているように）着物の上から幅広のズボンをはいた老婆が座っていた。彼女が笑うと黒い歯が見えた。これは昔の習慣で、都市部にはこのように歯を黒くした女性はもういない。荷馬車の上で揺れながら老婆は新聞を読んでいる。

僕たちのいる場所はますます高くなる。唐突に右側に断崖が現れた。左側には絶壁がバスの上に聳え、右側がいよいよ深くなり、左側がまたさらに高くなると、それはつまり山の中に入ったということだ。僕たちの他に、バスには三人の山の農民たちが乗っていた。彼らはジャンバーを羽織り、半ズボンを履き、銅色に苦難の表情を浮かべている。憂鬱そうに固く口を結ぶ。下界の盆地では、彼らは野蛮人と思われているのだ。彼らのうちの一人、小指のない男が頻繁に自分の腕時計を見ている。早く家に戻りたいのだろう。

バスは三〇露里地点で停まる。僕たちは細道に出る。赤石の麓まではまだ二〇里（八〇露里）、山道を徒歩で三日はかかる。僕たちは一つ目の山頂を目指す。山々は空のさらに上に突き出ている。これこそが古来の山の風景だ。一つ目の山は巨大で丸みを帯び、さながら原生林に覆われた惑星の名残であった。二つ目の山は少し離れ、山の浮き彫り画のようで、ぼんやりと彫り込まれた輪郭をしていた。三つ目の山は、さらに遠く、空色の紙に切り絵を貼っているようだった。深い溪谷には岩と岩の間を縫って、数十の細流に分かれた緑色で激しい川がさまざまに跳ねあがり、それはあたかも山の風景を飾りつけるように、いくつものリボンに切り分けられた縞状の海のようだった。

山林には青い木々が立ち並んでいる。山間には小村が散在している。日焼けして銅色の肌の農民たちは白い腰布を巻き、黄色い巨大な麦わら帽子をかぶっている。ひょっとすると、帽子のつばのほうが彼らが耕している田んぼよりも大きいのではないだろうか。それらが小さな土地の中をあちらこちらに動きまわっている。山の農民たちがお皿のような小さな土地で緻密に働く姿は、時計技師のようであり、彫刻師のようでもあった。田んぼを耕すというのはなんと繊細な作業なんだろう！

夕方が近づき、細道と列をなす電信柱が僕たちを村落へと導いていく。僕たちは村の民宿に泊まった。この村（四十世帯の村）の郵便局から僕たちは電報を打つ。紙の壁をあけ広げ、部屋から山間に打ち捨てられ、時代から取り残されたこの村を眺める。女将さんが入って来て、部屋の電気ストーブをつけると、丁寧に額を床につけて、就寝の挨拶を述べた――「オヤスミノサイ《〔ママ〕》」。彼女はほとんど垂直の階段を降りていく。黄色に明るく、磨きあげられた階段は、鏡のように反射している。この照り輝く階段は、村の貧しい民宿の唯一の装飾品であり誇りなのだ。

二日目もまったく同様だった。山々、小川、木々、田んぼ。峠のほうに上がるかと思えば、突然谷底に降りていく、やりきれないほど自由気ままな山道を、僕たちは辛抱強く辿って歩いた。ときどき自転車乗りにも出会ったが、このあたりでは彼らは自転車に乗るよりも、むしろ押して歩いている。ときどき僕たちは板に描かれ、机に打ちつけられた地図に遭遇する。奥に進めば進むほど、すれ違う人々は、ますます驚いた顔で僕たちを見る。彼らは立ち止まり、長いこと僕たちを眼で追う。この場所で、僕が初めてではないとしても、欧米人が現れるのは極めて稀なのだろう。僕たち自身の手であらためて日本を開国しているような気がした。夕方近くに、大河原《オオカワラ》村〔現在の下伊那郡大鹿村大河原〕に入った。山に入る前の最後の村里だった。すでに夕闇がせまり、日本家屋の四辺の壁が、地面に置かれた巨人の灯籠のように煌煌と照っている。ズボンをはいたお歯黒の、頭のはげあがった老婆が正面から歩いてくる。こちらを見て、「あっらー！」と叫び声をあげながら脇に身を投げた。僕たちは宿泊場所を探しながら村の中を歩く。十五あるいは十六の村の家屋が軒を連ね、平行して三つの道が伸びている。三軒の小店、郵便局、学校、民宿、食堂の前を通り過ぎる。道の中程にある明かりのついた小店が目をひいた。そこに近づいていく。その店には、見事な屋外用の電子時計が立っていた。モスクワのストラストナヤ広場〔現在のプーシキン広場〕にあるものよりも遥かにいい時計だ。僕たちは、この未開の打捨てられた山村をさらに奥へと進んだ。

朝になり、山麓に向けた最後の旅程が始まる。山々や小川はあるが、田んぼや集落はすでに見当たらない。正午に、オオカワラから一〇露里ほどの場所で、僕たちは最後となる二軒の家に出くわす。この二軒の農家に住んでいるのは、村から二十年前に移住してきた人々だった。そのうちの一軒で休ませてもらう。僕たちはブーツを脱ぎ、藁ゴザが敷かれた板張りによじ上った。床に掘られた方形の窪みに薪が焼《く》べられている。煙が天井の孔から出ていく。鉤に大鍋が掛けられ、なにか食べ物が煮えている。天井からはひどく痛んだ角灯が鎖に吊られている。

　向かいに建つ二軒目の百姓家は、僕たちが入った家よりも幾分小さかった。その家の先で小道は終わり、さらに進むためには、川に入り、水の中を進まなければならなかった。山の中の川らしい小さな流れを遡っていく。ここは、二軒の家屋が佇む世界の果てだ。

　一軒目の主人は、身体の大きな老人で、老衰から四つん這いになっていた。片手で何かを取ろうとするときは、逆側の肘を床について身体を支え、ゴリラのように指を曲げて甲の側から拾いあげる。二軒目の主人はもう幾分若く、二本の杖で身体を支えながらも歩くことができた。僕たちは、こういった家の主人たちとともに休息を取った。若者たちは野良仕事に出かけている。二十分ほど経って、若い方の老人が、自分より年老いた金持ちの老人におもねっていることがはっきりと分かった。四つん這いの老人は、納戸のような部屋を這いまわり、僕たちに朝食を用意してくれた。彼が杖の老人の前を通ると、その年下の老人は視力の弱った目をしばたかせ、卑屈そうにお辞儀をするのだった。一方、四つん這いの老人は、男というものが半ば崩れ落ちたときに現れる何とも言いがたい傲慢さでもって若い老人を見やる。朝食の準備がどうにか整うと、彼は頭を下げている杖の老人を近くに呼び、ふるえる手で彼に酒を一杯注ぐ。若い家長はその酒を褒めて媚へつらう。

僕たちは山麓への最後の旅程に出発した。膝まで川につかり、アルペンストックで身体を支えながら上流に向かう。急流が岩の間を消火ポンプのように跳ねる。硬ささえ感じるこの水の中で足を動かすのは極めて困難だった。ときおり岩によじ上り、それからまた川の中に入っていく。今ならなぜこの最後の一〇露里が特別に大変なものと考えられているか分かる。このコースは、それまでの道程をすべてひっくるめて、ようやく帳尻が合うほどだ。

肩までずぶ濡れになりながら、僕たちは赤石岳の麓に辿り着いた。雪化粧の円錐体は、今は雲に隠れている。この山麓に、どこかの実業家が三人の労働者を連れてホテルを建てようとしていた。今のところ柱を建て、木板を張っただけだった。木板を貼り合わせた中にある窪みに火が焚かれ、その周りで先に着いていた三人の日本人旅行者が身体を乾かしている。僕たちも露天の木板の上に寝転がり、アメリカのウィスキーを濡れた足にすり込んで、コートにくるまり、たき火の側で豚の丸焼きのようにくるくる回転する。

早朝、登坂を始める。赤石は「新しい」山で、山道がまだほとんどなかった。木の根っこを摑みながらよじ登り、岩の上をそろそろと進まなければならない。散々な目にあいながら、五時間が経った。木々はまばらで、背が低く、そして突然、完全に姿を消した。岩と雪。雲が霧のように這っている。僕たちはこの雲霧のなかに入っていく。空高くにいるはずなのに、穴ぐらの中にいるかのように湿りだす。ほとんど何も見えない。タバコの煙のなかに迷い込んだハエみたいだ。再び蛇腹に折り重なる岩をよじ上る。頂上。眼下には、山、川、森の地形図が広がる。岩に大きな文字で二つの碑文が銘されている。僕の連れ合いが訳してくれた。

一つ目は形式的なものだった。「高度一〇、二一四フート。七時間で登頂。学生ヤマダとオオクマ」

二つ目。「素晴らしい景色。学生ムラカミ」

東京、麻布区にて

【註釈】

二つの大きな山脈が日本には走っている。一つはサハリンから始まり、いま一つは中国から台湾を経由して日本にいたる。両者は本州の中程で交差し、高くせりあがり、外国人たちの間では日本アルプスの名で知られている。これらの山々は、本州を二つに、互いに明確な違いを持つ南日本と北日本へと分断する。次の表は八〇〇〇フート以上の山々の名称である。

山の名称	高さ（フート表示）
新高山《ニイタカヤマ》（モリソン山、台湾）	一三、〇二〇
富士《フジ》	一二、三八七
赤石《アカイシ》岳（信濃）	一〇、二一四

白根岳《シラネサン》〔北岳〕　一〇、二一二
槍ヶ岳《ヤリガタケ》　一〇、二〇四

「飛騨山脈は飛騨地方の一部を形成する。そのため、飛騨地方は山に囲まれ、日本屈指の山間部、近づきがたい場所となっている。というのも、さらに二つ、この地方の北部と南部にほとんど通り抜け不可能な山脈が聳え、隣接する地域から隔てられ、唯一の狭い溪谷のみが外部からの通行を可能にするだけなのだ。この地方の地形的な孤立状態から、住民たちの間には、日本の多くの地域で失われた古い風習と因習主義的な精神風土が残っている。ここには、非公式な形とはいえ、一妻多夫制の婚姻関係が残っている。この自由な習慣から、子どもを認知するのは母親だけであり、父親は不明のままである。山岳地域、正確に言うと日本アルプスに特徴的な、奇妙で野蛮とも言える地形を求めて訪れた旅行客たちに対して、地方部はこうした好奇心の対象を提供する」

（H・キューネル『日本の地理』より）

一一、大阪にて

大阪では寺院に三日間滞在した。これはもっとも安いホテルだった。通訳の吉田と僕は、磨きあげられた天井を持つだだっ広い共同寝室に通された。可動式の壁の向こう側には大仏の祭壇がある。この寺を開いた仏僧の言葉が、額に入った見事な達筆で壁に飾られている。僕はゴザの上に旅嚢の中身を広げた。モスクワ裁縫組合のシャツ数枚、歯ブラシ、靴下数足、全権代表部図書館から借りた雑誌『赤い処女地』〔一九二一年創刊のソ連の文芸誌〕。朝、お茶を飲んだあと、吉田はうつぶせに寝転がって、大阪の新聞に寄せたメイエルホリド劇場に関する僕の原稿を訳し、僕はと言えば、祭壇に行き、そこで巨大な仏像を眺めながら大声で歌っている。

晴れ渡る空高く
真紅の旗がはためき
我らは疾駆する
敵軍の方角に向かいて

〔内戦期の赤軍マーチ『ブヂョンヌイ行進曲』の一節〕

こうして朝から気持ちを奮い立たせる。
それから、ゲタを履き、縞模様の長着を身にまとい庭に出る。小川が小径と交差し、庭の西側の角には七種の木々が生えていた。僕はゆったり歩を進め、テンポが替わっていくような、なんとも言葉にしがたい感覚をおぼえる。僕たちの国で、首都の人間が草原や森、荒野に迷い込んだときの感覚に、それは似ていた。

僕たちが生まれたこの二十世紀、世界中がロシアとイタリアの出来事を追いかけている。ヨーロッパでもっとも若く、そしてもっとも古い二つの国、草原の国と都市の国、その両国が模範となっているのだ。この寺院の庭の静けさは、幼年期に僕の脳裏に刻みこまれた一九一九年の原っぱの静けさを思い出させた。過去というよりは、むしろ僕の未来にある静けさだろうか。それから再び大仏のほうに近づき、金めっきした大仏の片腕が僕の歌う赤軍の馬の手綱を握っているところを想像して満足する。ただの彫刻だとなにか張り合いがない。

正午にモリタがやって来た。彼は二十歳の記者だった。にやにやとして信用が置けず、のろまで狡猾で、卑屈で不躾な人物だった。丸く太り、スカート（ハカマ）をばたつかせながら、始終ヘラヘラしていた。彼は著名な作家と親交があることを誇らしげに語り、おそるおそる僕の肩を叩き、なにか才能ある事物に関して見聞きしたときには、露骨に驚く有様だ。きっと彼はそうした事物がどのように出来あがるかを理解できないのだ。才能ある人々を神格化し、それと同時に羨み、自分自身もそうした人間になり、取り巻きを引き連れて横柄な態度が取れるとあらば、火にも水にも飛び込んでみせるだろう。そうした熱意のあまり彼は全身を震わせてさえいる。

モリタにはどうしても抜けきらない癖があった。それは、出世欲の強い記者に特有の尊大な身振りだ。彼にとって自分は日本人で、僕はヨーロッパ人だった。僕たちの間にはその一本の線が引かれていて、互いに理解し合えないということを頑として彼は忘れない。なぜなら、言語がわからず、そのためアイロニーを解さない僕は、見るからに純朴な外国人なのだ。だから彼は僕のことを間抜けだと考え、ごくごく単純なことまで僕に熱心に説明しようとする。彼は吉田に「彼に五日に出発する旨を伝えてください」と言った。そして、こちらに向かって五本の指を広げ、もう片方の人差し指でそれを数えあげながら、僕が分かったかどうか吉田に訊ねた。おそらく、彼が僕について語ろうとしたら、白人の純朴さに関して幾千もの小話を滔々と話すのだろう。

吉田はまったく違う。彼は僕に遠慮なしだった。率直で、開けっぴろげで、日本人がヨーロッパ人に接するようなつき合い方をしてこない。モリタは狡猾で馬鹿丁寧だが、吉田は単刀直入でぶっきらぼうだった。彼は偽善者を毛嫌いしていた。何か丁寧な表現を訳そうするとき、彼はいつも次のように言った。「彼はこうこうこう言っているが、嘘だ」。彼はモリタをプチブル的インテリだと言う。そういうモリタに我慢がならず、常に鼻で笑っている。だがそれは皮肉屋のそれではなく、道徳的観点からの、誠実でナイーブな知性によるものだった。モリタを目の敵にするのではなく、トルストイ主義者のように彼の振る舞いを説明し、赤裸々にしているのだ。

　東京の高等学校教師の息子である彼には、リャザンのコムソモール員と同じく、あらゆる決まりごとに対する本能的な嫌悪がある。たぶんこのために、僕は吉田を馴染みある受け入れやすい男だと感じるのだ。彼は我らが時代の申し子だ。彼は本能的にすべてを打ち壊す。それが彼の使命だから。彼は賭け事《カードゲーム》をしたがらず、それをボール紙の寄せ集めだと言う。一方のモリタは、どうにか賭けに勝とうとして、そのための方法を研究している。僕と吉田のやりとりは互いに無遠慮で、それが二人にとっては楽しかった。僕は彼のことがとても好きだ。僕のことをとても気遣ってくれるが、その実、彼にとって僕はおそらく、ソヴィエト連邦の珍しい国からきて、歌舞伎などという退屈なものを研究するおかしな演劇学者なのだった。彼は利己主義《エゴイズム》を嫌い、僕がそれに近い振る舞いをすると、鋭く挑発的な調子でそのことを指摘してきた。

モリタが迎えに来て、僕たちは街に出た。彼は日中のスケジュールを組んでいた。三日目、モリタは、ある大阪の貿易商の自宅で行なわれる人形劇（オニンギョオシバイ）の招待状を手配していた。

この時間に出かけるのは、古来の演劇である能を観るため、昼の一時までに大阪毎日新聞社の九階建て社屋にあるホールに行くためだった。その後、三時に二十二幕の『忠臣蔵』のうち最初の二幕を観るために歌舞伎へ、そこからさらに五時に大衆歌舞伎に向かう必要があった（ここでは、俳優たちはすでに映画俳優を模倣していて、義太夫《ギダユウ》の席の前にはピアノが置かれ、義太夫たちの中にはバイオリン奏者が座っている）。そして七時に、人形劇の上演というわけだ。

僕たちはこの無謀なスケジュールをやり遂げた。吉田はあからさまに退屈していたが、粛々と自分の任務を遂行していた（彼にはある種の兵士的な勤勉さがあった。芝居の間もまるで立哨のように座っている）。モリタはその感激を大仰に口にしてはいたが、やはり退屈しているようだった（夕方、自宅の座布団の上でくつろぎながら、仕事を終えて酒をちびちび飲むときだけが、彼にとって心地良い瞬間なのではないだろうか。彼はおそらく自分の仕事があまり好きではなく、ただその仕事が簡単で気楽だと思っているから働いているのだろう）。

六時半、僕たちはタクシーに乗っている。左側には黒いシャツを着て、キャップをあみだにかぶり、へたった短靴を履いた吉田。右側には、糊づけした着物と、その下から詰め襟シャツを覗かせ、柔らかい帽子をかぶったモリタが座っている。その間に座る僕はといえば、袖が長過ぎて、手の甲の半分くらいまで隠れてしまう背広に身を包んだ、垢抜けないソヴィエト青年である。大阪のふさぎ込んだ道を走る。道沿いの建物はみな巨大で醜く、煙っていた。工場群を通り抜け、産業ビルの十階建ての立ち並ぶ角柱を通り抜け、黒い運河を通り抜ける。日の照らす広々とした清潔な東京と、木炭で描いたような大阪を比較してはいけない。僕たちは大型映画館とオリーブの並木道の前に立っている人力車の列の前を通り過ぎた。

タクシーが貿易商の家の前に停まる。

僕たちは門をくぐる。

慌てて毅然と振る舞う。それはヨーロッパに足を踏み入れるアメリカ人たちがとるような態度で、国家としての主権を確立して以降、僕たちの大陸を訪れる日本人たちにもよく見られる態度だ。

紋付の黒い羽織を着た礼儀正しい貿易商の妻が玄関で僕たちを出迎え、客間に通してくれた。客間の四分の三は、クロスもかけずそのままの、螺鈿《らでん》を嵌《は》め込んだ巨大なテーブルが占めていた。テーブルの上には、白と青の花を生けた花瓶が置かれている。壁際に並べられた椅子には、初老の実業家の客人たちが黒い着物姿で座っていた。

そこで僕たちを迎え入れてくれたのは、この家の息子だった。アメリカ風の身なりをしたモボの彼は、映画に出て来る伊達男のような顔立ちをしていた。彼は急に自分の英語の知識を披露してきた。ボクサー風に髪の毛を刈りそろえ、むき出しの首筋がごつごつと骨張り、みすぼらしい分け髪の下には台形のように上に狭まる小さな額があった。彼は勢い良くタバコを吸い始め、灰皿のもとに駆けていった。怠け者でも火事に直面したらこれくらいは急ぐかもしれない、という程度の身のこなしだったが。それから彼は足を組み、横柄な態度で、恭しくしているモリタと話し始めた。

部屋に家の主人が入って来て、すぐに僕たちに挨拶をした。彼は客人たちのほうへ老商人特有の知的な顔を向け、やむを得ず席を外していたことを詫びると、人形遣いたちはすでに準備万端で、まもなく上演が始まると言った。あらためて謝罪をし、彼は出て行く。

「このブルジョアジーは唄うのがとても好きでね、今日は本人も義太夫として語るんだ」と吉田が言う。

長い上衣を着た人形遣いが部屋の中を駆けていく。走りながら、壁時計を見やる。

僕の方へ家主の息子がやって来て、突然ロシア語で「ズドラストヴィチェ〔こんにちは〕」と言った。吉田が、いつだかに習ったロシア語を思い出したんだろう、と言う。それから彼は写真雑誌を持って来て、吉田を通して僕に、これは空です、これは雌牛です、これは橋です、とモリタのように説明しだした。空いた口がふさがらなかった。

次第に客人たちが上演の部屋に移動し始めたので、僕たちは彼らについていった。

石造りの壁と嵌木細工の床でしつらえたヨーロッパ風の客間から、紙の壁を備えた大きな和室へと移動する。そこは、竹の繊維のゴザが敷きつめられ、おそらく趣向だが、いくつもの紙製の丸い灯で照らされていた。部屋の片側に幕が掛けられた舞台が設置されている。舞台の前には、赤い薄地の布で覆われた義太夫のために床あげされた高座があった。台の上には、黒いニスから鋳造したかのような荘厳な燭台が二基立っている。幕の向こう側で人形遣いたちの影が動く。

床に並べられた座布団に客人たちが座る。彼らはほとんど身動きしなかった。

その瞬間、彼らの佇まいが、現代の日本ではほとんど見ることのできないアジア的な、そして版画で見るような日本的光景として僕の前に立ち現れた。

彼らは足を折り曲げ、裏返した座布団の上に座り、掌を膝かゴザの上においてぐっと身体を支えながら、声を落として話している。女性たちは色あざやかな着物の上に小さな手を軽く添える。ある人は団扇であおぎ、また別の人は小さな湯呑茶碗でお茶を飲んでいる。竹製の細い管で煙草を吸っている人もいる。日本式の四角い部屋は、こうした徳川時代の浮世絵からやって来た商人の集いを描きだしている（着物の違いは僕にはよく分からない）。文字が描かれた丸い灯が彼らの上で揺れている。

客人たちの間を縫って、手に三味線を持った義太夫の女性が部屋を横切り、高座に着席した。続いて入ってきたのは、長い豪奢な袴を着て、義太夫として水色の肩衣をつけた家主の大卸商だった。彼は非常に真剣で毅然としていた。彼は女性の隣、漆塗りの燭台の間に座り、譜面を開き、湯呑でお茶を飲む。皆が黙り込んだ。

巨大な手が幕を脇にひく。僕たちは二ヴェルショークの道、矮小な家々、小さな木々を目にする。その背の低い風景の上に琥珀織の黒い長衣と肩までかかる円錐形のほっかむりを身につけた三人の人形遣いが立っている。ほっかむりの奥には、厳格な黄色い顔の輪郭が透けていた。小さな家々の上に彼らの腰が見えた。三味線がカラカラと鳴った。大卸商が身体を揺らし、喉を絞りながら声を震わせ、悲劇調のレチタチーボを唄いだす。吉田が冒頭の歌詞を訳してくれた。

「大名黄門の物語。あるところに黄門がいた。彼は将軍綱吉の叔父だった。この時代、将軍の第一家老を務めていたのは、堀田で、彼は極めて粗野な人間だった。彼と同時代に生まれた民衆は不運だった。あらゆる不仕合わせが頻繁に起こった。黄門は聡明な人物で、民衆の友、将軍の親戚である彼はいつも民衆の味方だった。あるとき堀田は、将軍が犬年の生まれであることを理由として、犬の殺生は処刑に値するとし、それを禁じる。ある日、魚屋の久五郎が、犬を殺してしまった。彼は牢屋に入れられ、死刑に処されると脅かされた。盲の按摩師であった彼の父、玄碩は息子の行く末をひどく心配する。その後、知人が玄碩を牢屋に連れていき、玄碩は息子と言葉を交わした。息子は父に「わしは大丈夫だ、心配されるな、親父さま」と言った」

二人の人形遣いが道に久五郎の人形を連れ出す。彼らは、人形の手、足、後頭部に接着した棒を手に握りながら、冷静に人形を操る。すると人形が従順に鮮やかに前に歩み出た。人形には、顔を隠し、手を動かしているすぐ側の巨人たちは見えない。三人目の人形遣いが道に犬の人形を出す。二人の人形遣いは久五郎の人形を犬の人形に出会わせる。久五郎の人形は立ち止まり、手を震わせる。犬の人形が噛みつく。久五郎の人形は犬を棒で殴る。

三味線が再びカラカラと鳴った。大卸商は力を振り絞って唸り声をあげ、哀泣し、激しく全身を震わせていた。

この瞬間、日本の人形劇は、ギリシャ悲劇のように、壮大かつ聡明なものとして僕の前に現れた。人形遣いという、この仮初めの「神」が、観客たちの目の前で人形たちを動かすということに、僕は隠された目的を看て取った。

「これはまったくもって完成された世界観じゃないか」、吉田のほうを向きながら僕は言った。
「まったくたわけた奴ら《ブーザ》だよ」、彼は動じることなく応える。
先日、「たわけ《ブーザ》」と「おしゃべり野郎《トレプロ》」というロシア語を僕は吉田に教えたのだった。

客席に目をやる。彼らはいま、別のことを考えている。歌の中に「雰囲気」という言葉を聴き、あるいは舞台に登場した犬を目にしたとき、彼らの中で連想が働き、何がしかのことに思いを巡らせているようだった。僕はこの別の考えというものが何なのか分かるような気がした。例えば、あそこの丸々とした商人、仏陀のようにズボンに三本の折り目をつけている彼は、舞台上の小さな木を見ながら森林を思い出し、彼が出資しているウラジオストクの森の利権事業のこと、そこで最近生じたストライキのことを思い出し、そしてソヴィエトの労働組合のことを思い出している。また痩せぎすの陰鬱そうな男は、久五郎の人形が魚の行商台を壊すさまを見ると、メモ帳を取り出し、そこに日本語の縦書きで、何がしかを書き込む。きっと魚商関係者なのだ。彼は今朝方の日本海を通る台風を思い出し、漁場に無線を飛ばすことを決めたのだろう。ああ、なんという宿命論者たちなんだ。まったくたわけている《プーザ》！

第一幕が拍手で終わる。家主がゆったりと、厳かに高座から降りると、彼のところに女中が駆け寄り、電話がかかってきていることを告げた。

芝居が終わり、僕たちは電車に乗って寺に戻った(4)。

原註

（1） 正直に述べたい。ナガタは実在しない。彼は、仕事を簡潔にすることが許されている記者職の僕が、二人の若き日本人からつくりあげた人物である。一人目は僕に葉書を送ってきた人物。二人目は僕がこの章で書き記した人物で、名は吉田という。彼についてはのちにまた触れるだろう。

（2） 花道とは、舞台から客席に伸びる観客の頭の高さの長い橋舞台である。花道を通って俳優は入場し、花道上でしばしば演技も行なわれる。

（3） 義太夫（人形劇の優れた唄い手の名に由来する）とは、戯曲につき添い、ギリシャ劇の合唱と現代のヨーロッパの合唱の機能を兼ね備えた唄い手たちのこと。

(4) 僕が書いたこの話は、構成主義者たちの論集『ビジネス』に収録されているが、それはあまりに文学的で脚色したものだった〔*Гаузнер Г.* «Вилла в Аттами» // Бизнес: сборник Литературного центра конструктивистов. М., 1929 のこと〕。このことが恥ずかしくなり、僕はここで事実通りにすべてを書き直すことを決めた。

訳註

*1 オレグ・ヴィクトロヴィチ・プレトネル。一八九三年にペテルブルグで生まれ、一九二九年にモスクワで没する。日本学者、経済学者。一九一五年にサンクトペテルブルグ大学東洋学部卒業。一九一二年から一九一四年、数回にわけて日本に滞在。その後、一九一六年から一九一七年には日本において軍の供給部門の委託を受け、通訳に従事。一九一八年から一九二二年、労農赤軍司令部付で日本国内にて勤務。一九二二年から一九二九年、モスクワ東洋学研究所にて勤務。代表作に、『日本小便覧』モスクワ、一九二五年。『日本における農業問題――研究と資料』レニングラード、一九二七年(邦訳、オレグ・プレトネル『日本に於ける農業問題』農民闘争社訳、叢文閣、一九三一年)がある。梶重樹によれば、ロシア文学者の鳴海完造が一九二七

共和国急使

第 53 号

2023 年 7 月 15 日

地上五階より

下平尾 直（共和国代表）

個人的に偏愛している日本の作家を挙げると、ベスト 3 に入るのが、葉山嘉樹と武田麟太郎である。両者とも「戦後」を享受せずに没しているのだが、タケリンについては 2021 年に『蔓延する東京』というアンソロジーを編んで宿願を果たし、これはおかげさまでわりと好評だった（はず）。葉山嘉樹もいずれ……とゆるゆる考えていたところ、本書で出会い直してしまった。

「セメント樽の中の手紙」『海に生くる人々』などで知られる葉山嘉樹（1894-1946）は、非常に読み応えのある日記を残しているのだが（『葉山嘉樹日記』）、1924 年～ 31 年は欠落しているので、ここに点描された 1927 年秋ごろのかれの姿は、なかなか貴重だ。が、それだけではない。集散離合を繰り返したプロレタリア文学史をふりかえればわかる通り、第 6 章で描かれている劇団「前衛座」には、雑誌『文芸戦線』の日本プロレタリア芸術連盟（プロ芸）から飛び出した葉山、青野季吉、村山知義、蔵原惟人、黒島伝治、林房雄らが結成した労農芸術家連盟のメンバーも参加していた。ここからすぐに蔵原、村山たちが分かれて前衛芸術家同盟をつくり、彼らはさらに 1928 年 3 月にはプロ芸と合同して全日本無産者芸術家連盟（ナップ）をつくるので、ガウズネルが半年ほどの短い訪日時に出会ったのは、以後は社民を代表する葉山と、非合法へと突き進む蔵原や村山が協働した、わずか数カ月のあいだの稀有な一時期のことなのだ。その後、プロレタリア▶▶

▶▶芸術運動は弾圧－抵抗－転向－翼賛へといたるが、1927年、「昭和」なる「元号」とともに、日本の反体制文化運動はまさに転形期を迎えていたのである。「プロレタリア」なんて言葉、死語にされてひさしいとはいえ……。
ついでなのでもう1点だけ附記しておくと、冒頭に掲出した雑誌『新潮』（1927年7月）の座談会「日露芸術家の会談」の開催日を探索して、つきとめることができなかったのは残念だった。ガウズネルの来日が5月なのでその直後だろうか。これまで『新潮』に掲載された不鮮明な写真しか見たことがなかったのだが、訳者の伊藤愉さんがガウズネルのアーカイヴから発掘したこの写真の、なんと鮮明なことよ。7月に自殺する芥川龍之介の表情はすでに鬼気迫るものがある。こうしたプロレタリア文学（蔵原惟人）、純文学（芥川、広津和郎）、モダニズム（小山内薫）、通俗文学（中村武羅夫）、ロシア文学（昇曙夢、米川正夫、プーニン、ブブノヴァ）など、当時のいわゆる三派鼎立＋αが、震災後の新しい文化を担ったのだった。ロシア文化が日本に与えた大きな影響も含めて、この時期のさまざまな文化は、調べていて本当に面白い。✳

本書へのご意見ご希望ご批判は以下のメールアドレスまでお願いいたします。
naovalis@gmail.com

editorialrepublica
共和国

年にモスクワでの日本語教師の職を求めてプレトネルに打診したが、鳴海が共産党員でないことから断られたことがあった（梶重樹「レニングラード東洋大学とレニングラード日本学の弾圧」『専修人文論集』八四号、専修大学学会、二〇〇九年、二〇四頁）。なお、オレグ・プレトネルの兄は、大阪外国語大学等で教鞭をとったオレスト・プレトネル（一八八二―一九七〇）。

＊2　ヴラジーミル・ドミトリエヴィチ・ヴィレンスキー＝シビリャコフ。一八八八年にシベリアで生まれ、一九四三年に没する。政治家、文学者、編集者。一九二〇年、「コミンテルン東アジア書記局」を設立、同組織の臨時ビューロー代表。シベリアで政治活動（一九一七年、ヤクーツク・ソヴィエト議長。一九一八―一九年、コルチャークによる反革命体制の際、シベリアで地下活動を行なう。一九二〇年、極東全権代表。一九二一年、大連会議に出席。一九二二年秋より文学活動に移行。主著に『現代日本における帝国主義と社会革命』モスクワ、一九一九年。『日本における革命運動』モスクワ、一九一九年。『日本』モスクワ、一九二三年。『現代中国』ハリコフ、一九二五年、などがある。

＊3　ドミトリー・オルロフ。モールは彼の筆名。ポスター「君は義勇兵に登録したか？」の作者。

＊4　ヴォロスチは帝政時代から一九三〇年まで使われていた郡と村の間の行政区分である郷。

＊5　『日露芸術』一九二七年七月号、巻末の露文欄に貧民窟詩集『日輪は再び昇る』のスパルヴィン訳が掲載されている。

解説

ガウズネルと日本

本書は、*Григорий Осипович Гаузнер.* Невиданная Япония. М., 1929 の翻訳である。

著者のグリゴーリー・オシポヴィチ・ガウズネル（本名グズネル）は、一九〇六年にモルドヴァのキシナウで生まれた(1)。一九一〇年代に家族でモスクワに移り、ブリューソフ文学芸術大学を卒業。一九二五年には構成主義文学センターというグループに参加し、詩人、作家、ジャーナリストとして活動した。同時代には、「才能のある若手作家の一人」と評され(2)、一九三四年にゴーリキーが国家事業として文集『スターリン記念白海・バルト海運河——建設史一九三一——一九三四年』(3)を編んだときには、参加作家の一人として名を連ねたが、同年、現ジョージア西部のアブハジア共和国の都市ガグラにて、髄膜炎を原因としてその短い生涯を終えた。二十七歳という若さで亡くなったガウズネルは、自身についての文章をほとんど残しておらず、結果として寡作に終わった。

一九二七年、ロシア革命からちょうど十年を経たこの年、ガウズネルはウラジオストクを経由して、五月四日に敦賀港に入り、はじめて日本の土を踏んだ。ここからおよそ半年間、二十歳の若者は、東京、箱根、

図1
構成主義文学センター（後列右端がガウズネル）。

名古屋、京都、奈良、大阪と同時代の日本を見てまわる。来日時の彼の立場は、日本演劇の調査を目的とした国立メイエルホリド劇場演出部からの派遣員、そして『ナーシャ・ガゼータ（我らの新聞）』の特派員というものだった。

一九一七年のロシア革命後、演出家フセヴォロド・メイエルホリド（一八七四―一九四〇）は演劇における革命を実践するアヴァンギャルド演劇の旗手として知られ、ソ連現代演劇のまごうことなきトップランナーだった。そのダイナミックな演出と斬新な演劇思想は、同時代の日本の劇壇や文壇でも非常な注目を集めており、さまざ

ЛЮДИ В БУМАЖНОМ ДОМЕ

(От нашего специального корреспондента)

Московские переулки прославлены на весь свет. О их кривизне, запутанности, бесчисленности, о их церквах, помойках, старухах, старобытности и странобразии пишут много унылых рассказов и насмешливых корреспонденций.

Но любой из переулков Замоскворечья—это Фридрихштрассе и Рю-де-ля-Пэ в сравнении с переулками Токио, такими узкими, что с порогов противоположных домов можно об- меланхолично, совсем как в Замоскворечьи.

Вот один из таких домиков, двухэтажный. В нем живет среднебуржуазная семья. Крохотный дворик его гладко вымощен камнем. Перед входом часовыми стоят две японских сосны, с распластанными ветвями, изогнутыми, как оленьи рога. Пол в передней приподнят, как сцена. Под ним, на камнях, стоят ботинки и гэта: их снимают, входя в дом—дома можно

Наш корреспондент в Токио тов. ГАУЗНЕР

図 2
『ナーシャ・ガゼータ』に寄稿した際に掲載された肖像画。

まな翻訳を通してその内容が積極的に伝えられていた。日本の若き演劇人たちはみな、メイエルホリドを「新しい演劇潮流」、目指すべき演劇の象徴として捉えていたのである。そうしたメイエルホリドの劇場からやってきたのが、本書の主人公グリゴーリー・ガウズネルだった。

『ナーシャ・ガゼータ』特派員の仕事として、ガウズネルは日本滞在中も定期的

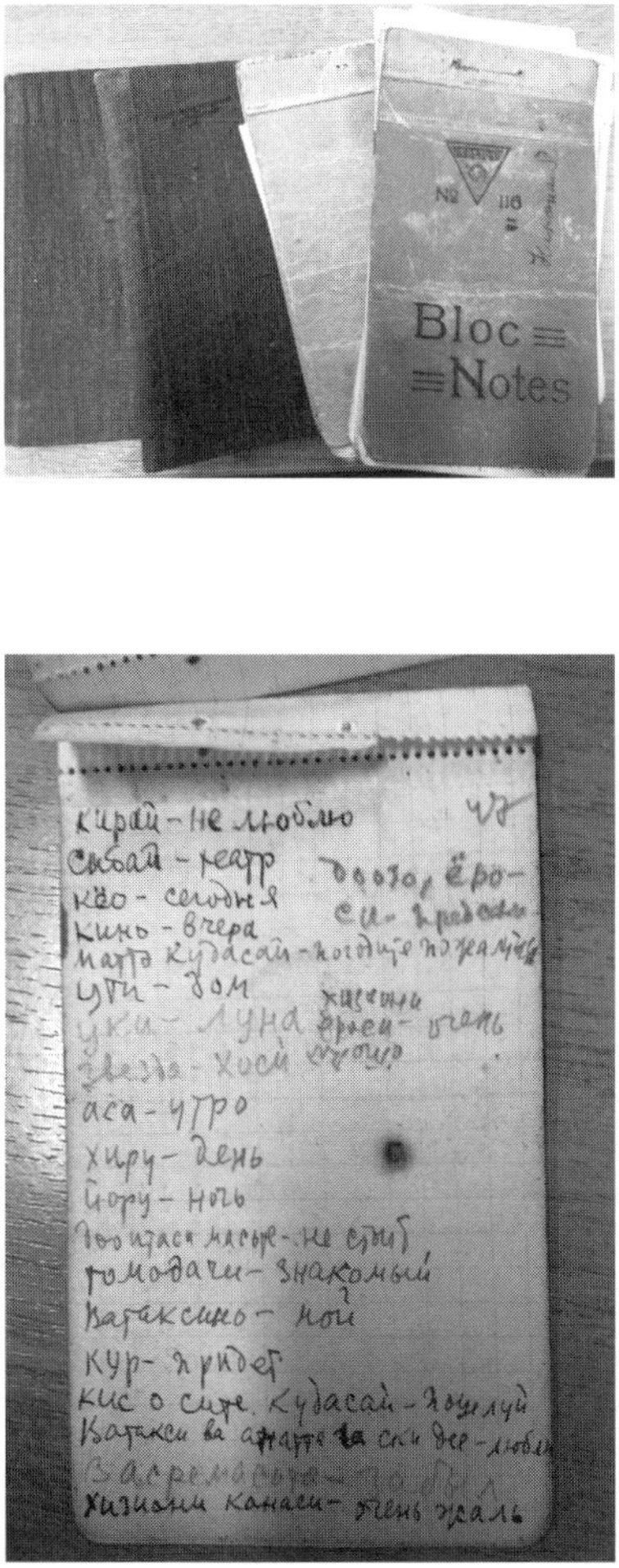

図3
ガウズネルが滞在時にメモをとっていたブロックノート。
ウチ - Dom、アサ - Utro など基本的な単語のほか、
кис о сите кудасай〔キス オ シテ クダサイ〕や
Ватакси ва анатта га ски дес〔ワタクシ ワ アナタ ガ スキデス〕など
いかにも若者なメモも残っている。

に同紙に紀行文を寄せているが、帰国後、これらの記事に大幅に加筆・修正を加え、書籍として出版したのが本書『見知らぬ日本』である。いくらかの脚色があるとはいえ、ガウズネル自身の実体験に基づいて執筆されたこの旅行記は、ドキュメント資料としても貴重なものといえるだろう。実質的なデビュー作とも言える本書はソ連国内で高く評価され、ガウズネルの短い作家人生のなかで代表作の一つとなった。

当時、演出家として日本演劇に強い関心を示していたメイエルホリドの劇場に所属していたガウズネルだが、彼自身が来日以前に日本にどれほどの興味を持っていたかは定かではない。しかし、現在まで残された彼のブロックノートなどからは、滞在時に熱心に日本語を覚えようとし、左翼系の演劇人たちをはじめとして、すれ違うさまざまな日本人たちと交流しようとしていた形跡がうかがえる。

帰国後は、後述のようにロマン・キムや父親の存在もあり、日本との関係を清濁合わせて飲み込むこととともなった。しかし、ガウズネル個人としての日本滞在の記憶は鮮やかだったようで、その後、彼は日本文化や日本語に通じた知日家として認識されていった。(4) 同じく、義母であり著名な詩人でもあったヴェラ・インベルは、彼が「日本に関する本を集め」(5) ていたことを回想してもいる。

この時期のロシア人による日本旅行記といえば、当時の流行作家の一人だったボリス・ピリニャーク（一八九四―一九三八）が一九二六年春に来日して三カ月を過ごし、翌一九二七年に出版した『日本の太陽の根蔕』が思い出される。(6) ピリニャークに遅れること一年の滞在を経て、一九二九年に出版されたガウズネルの『見知らぬ日本』も、やはりその影響を多分に受けており、それは同時代の書評でも指摘されている。(7)

ただし、ピリニャークのそれは、日本文化論とでもいうべき考察にもページが割かれている。ガウズネルの『見知らぬ日本』も同種のものとして読むことはできるが、その一方で、彼の記述はあくまで彼自身が見た情景の描写に重心がある。また、ピリニャークの文章が、やや装飾的で修辞的表現が多いのに対して、ガウズネルの筆致は彼自身の眼を離れることがほとんどなく、とても率直である。それを若さと表現することもできるが、むしろこうした特徴からは、作家セルゲイ・トレチヤコフら「新レフ」（詩人マヤコフスキーが編集長になった文芸誌『芸術左翼《レ》戦線《フ》』の後継誌）の面々が標榜した、事実をそのままに切り取る「ファクトの文学」の影響が感じ取れる。しかし、ファクトの文学が「作家性」を排した、例えば新聞などの無署名記事を一つのモデルとしていたのに対し、ガウズネルの記述には、ガウズネル自身の目を通した印象が鮮明に描き出されている。それゆえ、ガウズネルの手法は「ファクトの文学」とも異なるもので、作者の個人性は保たれたままの「ルポルタージュ文学」として評価することができるだろう。

一九二〇年代後半は、一九二二年にソヴィエト連邦が誕生し、一九二五年には日本がソ連を国家として承認したことを受けて国交が樹立、一九二八年のソ連歌舞伎公演に代表されるように、とりわけ日露両国の往来が活発化した時期だった。日本の左翼系演劇人たちはロシア演劇に憧れを抱き、またロシア演劇の側も、ヨーロッパ的な演劇の伝統から脱却する糸口を東洋演劇に求め、歌舞伎を中心に日本演劇を熱心に研究していた。

この時代のソ連国内に目を向ければ、一九二〇年代後半から一九三〇年代にかけては、政治的にも芸術的にも困難な状況にあった。ロシア革命後に興隆を極めた前衛芸術は、二〇年代後半にはすでに抑圧の対象となりはじめ、一九三〇年代には厳しい批判にさらされていく。社会主義に夢を見て、政治的な立場からソ連に集まってきた外国人たちも、そしてソ連国民たち自身も、スターリンの全体主義体制のもと、一九三〇年代後半には大粛清の波に飲み込まれていった。

こうした状況下での日露文化関係史／交流史は、例えば、来日ロシア人研究会の各種刊行物や、武田清『新劇とロシア演劇』（而立書房、二〇一二年）、太田丈太郎『「ロシア・モダニズム」を生きる』（成文社、二〇一四年）をはじめとして、多くの書籍で論じられてきている。そうした研究史のなかでも、ガウズネルはときおり登場するものの、あくまでその場にいた一人のロシア人として言及されるにとどまってきた。本稿では、この時期の日露関係史にたしかに存在したグリゴーリー・ガウズネルをあらためて取りあげ、複雑な文脈の一側面を彼を媒介として掘り起こしていく。

一、日本演劇とガウズネル

滞在時のガウズネルの様子は、日本のさまざまなメディアにも記録されている。例えば、一九二七年の『新潮』七号に掲載された「日露芸術家の会談記」では、この時期、東京・大阪を中心に開催された「新ロシヤ美術展」のために来日していた芸術学者のダヴィッド・アルキン、美術史家のニコライ・プーニン、早稲田大学でロシア語講師をつとめていたワルワラ・ブブノワらとならんでガウズネルも出席している。日本側の出席者はロシア文学者の昇曙夢、米川正夫、蔵原惟人のほか、小山内薫、広津和郎、芥川龍之介、中村武羅夫らがいた(8)(本書巻首の写真参照)。

また、一九二七年六月十三日付の『読売新聞』では劇作家の小山内薫が「ガウズネル君との対話」と題した対談記事を記している(9)。雑誌『女性』では、「親ロ

図 4
『新潮』1927 年 7 月号に掲載された座談会「日露芸術家の会談」の際の写真。

後列左から、Н・プーニン、ガウズネル。

前列左から、Д・アルキン、Е・テルノフスカヤ、不明。

（РГАЛИ, ф. 2606, оп. 2, ед. хр. 403, л. 1）

シアの女優」と題して、当時のロシアで代表的な女優の三人（カーメルヌイ劇場のアリサ・コーネン、メイエルホリド劇場のマリヤ・ババノヴァとメイエルホリドの妻であるジナイダ・ライフ）を紹介している。(10) 日本国内のガウズネルをめぐる文章は、概ねメイエルホリド劇場に関する情報が中心ではあるものの、ロシア演劇の実際を仔細に伝えるガウズネルの言葉が同時代の日本人にとって貴重なものだったことは想像に難くない。

日本の各メディアに掲載されたガウズネルの言葉のなかで、往還的な日露演劇交流という点から興味深いものの一つは、雑誌『太陽』に載った「日本演劇の秘密」と題する記事である。そのなかで彼は、演劇の善し悪しは、稽古を見ると分かるといった趣旨を述べ、市村座の尾上菊五郎の舞台稽古の様子を次のように記している。

舞台の上の菊五郎はその舞踊的動作に或は長き、或は短きポーズをつくる。身振りの間につくるこのポーズは悲喜驚愕の感情を表現するものである。これは人格化された音楽である。音楽も亦、心理的気分、悲喜驚愕の感情をポーズと音の急激な動揺によつて表すものである。これが菊五郎の舞踊をして心理的と云はしめる所以である。(11)

こうした表現は、身体性から感情を導くと同時に、音楽的なリズムや間《ポーズ》といったものにも、心理的表現があるとするメイエルホリドの演劇観と重なっており、この旅がガウズネルにとって、メイエルホリドへの歌舞伎の影響を再確認するものだったことが察せられる。メイエルホリドは演劇を音楽的にとらえる側面があったが、日本でのガウズネルの様子を伝える演出家・俳優の佐々木孝丸(一八九八―一九八六)の回想も、この点から興味深い。

〔一九二七年に〕講習会をやつていた時分に、ソ連のメイエルホリツドの門弟で、ガウズネルという若い演出家が日本の歌舞伎を研究に来て、われ〳〵の講習会にも数回出席し、蔵原〔惟人〕の通訳でソ連の演劇を講義してくれたことがある。このガウズネルが、歌舞伎のしぐさやせりふ廻しを、五線紙にノートして行く手際と、その熱心な、科学的な研究態度には、われく一同感服させられたものである。(12)

このときのエピソードが、東京の築地小劇場でプロレタリア演劇「前衛座」によるアプトン・シンクレア作『プリンスハーゲン』(一九二七年六月二十七―二十九日上演)の観劇体験を記した本書第六章「前衛座」である。なお、同作を翻訳した演出家の佐野碩(一九〇五―六六)は、のちの一九三二年にソ連に入ると、その翌年に妻子を連れてソ連に入国した土方与志(一八九八―一九五九)とともに、一九三七年までモスクワで暮らした。この間、佐野はメイエルホリド劇場、土方は革命劇場に、演出部門の研修生として在籍することになる。

右の引用からもわかるように、二十歳のガウズネルが、遠くモスクワから日本へと旅をして、そこで見聞したものを記述するさまは、若者らしい飾らない意見と、メイエルホリドの側にいたロシア人ならではの、偏りつつも厳しい視線に満ちていた。この第六章では、主役のハーゲンを演じた佐々木孝丸のほか、演出と舞台美術を担当した村山知義（一九〇一―七七）など、近代日本演劇史において重要な人物たちが点描されている。

また、このときの彼の講演は、雑誌『文芸戦線』一九二七年十月号に掲載された。その内容は、佐々木たちのクレームも一理あるほどに、もっぱらメイエルホリドの演出手法に関するものだったが、日本人の聴衆に向けられた結論は、どうやら「前衛座」の面々にとって手厳しいものだった。

やゝもすれば、何でも彼でも「メイエルホリド式」を真似したがる日本の若い新劇団に向つて、特にこの事を云つて置きたい。
日本の新劇団は未だ初めの方にゐる。諸君の努力はこれからだと思ふ。
メイエルホリド座の人々は、芸術の為に仕事をしてゐるのではなく、人類の未来の為に仕事をしてゐるのである。これがもっとも重要な点なのであつて、それを忘れたならば、メイエルホリド〔の〕存在の意義は喪失して了ふであらう。

現在メイエルホリド座には五百人の劇場人が働いて居り、そのうち五割以上は共産党員である。彼等は皆、偉大なる革命事業完成の為に、懸命になつて働いてゐる。

最後に、この短い講義を終るに当つて私は、日本に於ける唯一の政治的劇団――無産階級の政治的劇団たる「前衛座」の諸君に対して、一言苦言を呈しておきたい。と云ふのは、諸君の劇団は、諸君が表現しようとする唯一の正しいものを有つているに拘らず、その大事なイデオロギーを表現するにもつとも適確した諸君独自の「技術」を有つていないやうに思はれる。即ち諸君の現在は、第十九世紀末の一般劇団の状勢とは違つた意味で、「内容過重」癖に陥つてゐるらしく思はれる。これは止むを得ないことに思はれるが、「内容」を強くアッピールする為には、力強い技術が創り上げられねばならぬ。

同志諸君の一層の奮励を望む次第である。(13)

ガウズネルが指摘する「技術」の重要性、こうした手法、形式を強調する態度は、やがてソ連本国でメイエルホリドが「形式主義者《フォルマリスト》」と追及される要因となるものだったが、それでも、メイエルホリド劇場から訪れたロシア人が、国が異なる演劇人同士の会話の共通言語として、技術的側面を選び、その未発達を説いたことは注目して良い。もちろん、言葉を解さない外国人が観劇した際に、技術的側面がその入り口となることは避けられない。しかし、メイエルホリド自身が歌舞伎から影響を受けたものこそ、そうした空間性、身体性という技術的側面だったのだ。

講演の後、ガウズネルは「前衛座」の面々と宴会に繰り出すが、そこに描かれる日本の左翼演劇人たちの様子はとても瑞々しい。本文でも真っすぐに描かれているように、その講演をきっかけとして、佐々木たちは侃侃諤諤の議論をはじめてしまい、招待されたはずのガウズネルは見向きもされなくなってしまう。一九二〇年代の日本の前衛演劇が、基本的には西洋からの輸入だったことは事実だろう。同年代の若者たちによるそうした作品を目にしたガウズネルは、技術的に評価はできなくとも、親しみを感じていた[14]。

その後、一九二七年秋に日本から帰国したガウズネルは、築地小劇場の創設者である小山内薫（一八八一―一九二八）やソ連文化研究者の尾瀬敬止（一八八九――一九五二）が訪露した際にアテンドを担ったり、そのほかの日本人たちとモスクワで交流を重ねた。一九二八年の歌舞伎巡業の際には、『ナーシャ・ガゼータ』紙や『プラウダ』紙に精力的に寄稿し[15]、歌舞伎の紹介に尽力している。

ソ連歌舞伎巡業の前年の一九二七年末、歌舞伎巡業の実現に深く関わっていた小山内薫は革命十周年式典参加のためにモスクワを訪れた。小山内には式典出席のほか、メイエルホリド劇場視察という目的もあり、このとき計二回メイエルホリド劇場の団員たちと交流している。そこで小山内はメイエルホリド劇場の劇団員の前で、日本演劇に関する短い講演を行なった。この事実は尾瀬敬止『新露西亜画観』（一九三〇年）や作家の秋田雨雀（一八八三―一九六二）の日記などで確認できる[16]ほか、メイエルホリド劇場のアーカイブにも小山内薫の講演の速記録が残っている。(17) この講演で小山内は、冒頭で日本演劇を能、歌舞伎、新しい演劇(ヨーロッパ演劇)の三つのカテゴリーに分けている。ただし、能に関しては、日本人は演劇の一つと看做していないと断ったうえで、講演の内容を現代日本における歌舞伎と「新しい演劇」に限定した。しかし、実際はほとんどが「新しい演劇」、とりわけ土方与志とともに小山内自身が一九二四年に創設し、日本演劇の近代化(ヨーロッパ化)をめざしていた築地小劇場の活動に関して言葉をついやしている。

彼は、日本では歌舞伎は依然人気があり、新しい演劇には観客がそれほど来ているわけではない、新しい演劇は固有の劇場施設をほとんど持たず、自分たちの築地小劇場が唯一の例外だと述べている。歌舞伎については、その手法は「カタ」と呼ばれていて、舞台上でどのように殺生の場面の演技を行なうか、どのように「ハラキリ」を行なうか、どのように愛を語るかは決まった形で演じられる、と説明した。その例として、「ヨーロッパでは愛情が高まったときには抱擁をしますが、日本では逆です。お互いに背を向けて立つのです」とガウズネルを引っ張り出して男役をやらせ、自身は女役を担当して、その「カタ」をやってみせた。(18) 続けて、現在ではすでに歌舞伎の手法を重視する若者は少なく、彼らはヨーロッパ演劇を模倣することが唯一の道だと考えていると述べ、小山内自身がヨーロッパを回りながらこれまでどのように演劇活動をしてきたかを簡単に説明した。加えて、彼はメイエルホリド劇場の団員たちにたいして次のように発言している。

私は目が見開かれました。あなた方の演劇を見て、新しい演劇を打ちたてることができるという確信を得、再び動き始めたのです。あなた方の演劇では古い歌舞伎の本当の手法が非常に用いられ、重要な位置を占めていることを目の当たりにしました。ここロシアでは歌舞伎は非常に注目されている。この事実から、私は自分が捨て去ってきたものについて考えさせられました。私は古い歌舞伎には、多くの面白いもの、必要なものがあると感じました。落日のヨーロッパの演劇は、あまりに活気を失ってしまった。恢復させねばならん。その恢復の道は、東洋諸国——日本、中国、インド、ロシアの芸術とヨーロッパの芸術を結び合わせ、新たな調和《ハーモニー》を見つけることです。この道に沿って演劇は前に進まねばなりません(19)。

小山内はソ連を東洋の一国と看做し、それゆえにそこに日本演劇が学ぶべきものがあると考えた。そして、「日本の芸術を発展させるために、なによりもロシアをもっとも主要な助言者、教師として頼らなければならない。私はロシアと日本の演劇が強く結ばれることを望んでいます。そこから演劇界において大きな成果と大きな収穫が得られることでしょう」と締めくくっている。

小山内の発言自体は、決して目新しいものではなく、むしろメイエルホリド劇場の劇団員への気遣いのようなものさえ感じさせるが、それでも自分の築地小劇場の紹介に努め、ロシア演劇に学びつつも歩調を同じくしているとの発言は、日本の新演劇を牽引する者としての矜持がうかがえる。こうした小山内の発言に対して、メイエルホリドは「われわれが西ヨーロッパから褒められるのは、日本演劇のお陰ですから、この機会に日本人諸君にお礼を述べておきます(20)」と応えた。

この小山内薫の講演の前、ガウズネルも日本演劇について語っている。[21]「日本演劇の技術」と題したその講演のなかで、ガウズネルは日本の能、人形浄瑠璃（彼は「オニンギョウシバイ」とロシア語で説明している）、歌舞伎、そして左翼演劇について語った。ガウズネルは、これまで日本演劇に関する研究はそれほど多くなく、それも基本的には文学的な記述になると述べ、その例として、ドイツ人演出家・演劇学者のカール・ハーゲマンの著作[22]とレニングラード東洋大学教授のニコライ・コンラドが論集『演劇の十月』[23]に寄せた歌舞伎論などを挙げた。

その直前に半年がかりの日本旅行を終えたばかりのガウズネルは、自分の目で見てきたものを頼りに、日本演劇とヨーロッパの舞台芸術の差異を報告した。加えて、日本演劇の特徴を主に形式の側面から読み解き、例えばヨーロッパの古典ダンスがつま先で踊るのと異なり、能はかかとの踊りである、またそこには四面を客席で囲まれた空間的特徴があると説明している。[24]歌舞伎については、発声方法の特徴、あるいは重層的な平面で構成されるミザンセーヌ、そのほか花道の役割などを挙げた。

ガウズネルが挙げる能や歌舞伎の特徴は、基本的に、それまでのメイエルホリドの挙げてきた日本演劇の空間性、身体性に過ぎないが、最後にガウズネルが日本の左翼演劇について語っている点は注目して良い。彼は日本の左翼演劇は、「まだ独自の技術は持っておらず、彼らは現在メイエルホリドの道を進んでいる」と述べ、「しかし、まもなく日本の左翼演劇が自国の民族演劇や、中国やインドの古い演劇の源泉への旋回を考察し、来たるべき日本演劇の技術が現代的内容を組み込んだお能の技術やお人形芝居の技術の再興となるだろうことを考察する素地はある」と短くまとめている。こうした日本の左翼演劇に関する発言は、「前衛座」の面々を前に述べたとおり、彼自身の経験に基づいたごく率直な意見だった。

二、杉本良吉との交流

本書『見知らぬ日本』のなかでなにより興味深いのは、「吉田」という人物だろう。前衛座のメンバーでもあったロシア語を操るこの吉田は、おそらく一九三八年に女優の岡田嘉子（一九〇二―一九九二）と樺太国境を越えてソ連に亡命を図り、スパイ容疑で銃刑に処せられた、演出家の杉本良吉（本名吉田好正、一九〇七―三九）のことではないだろうか。彼は吉田について次のように記している。

僕のところに来たのは吉田というコソヴォロトカを着てソヴィエト帽をかぶった二十歳の学生だった。彼は玄関のセメント床のところでしっかと立ち止まり、竹製の透き通るカーテンの向こう側から僕をみて、まったく我々と同じような身振りで帽子のひさしに手をやり、労働者風に手首の高さにまで肘を持ちあげる。習慣として彼は自分の靴を玄関で脱ぎ、靴下だけになって僕のところに来た。僕たちは座布団に座り、彼はロシアの言葉を口にしたが、それは確固とした重量のある発音で、あたかも我々の衣服や習慣のように、洗練されていない、素朴な発音でもあった。(25)

これに加え、ガウズネルは日本滞在中にナガタという人物と多くの行動をともにしたことを記している。ガウズネルが記すには、このナガタは実在しない人物で、二人の日本人を合わせてつくりあげた架空の人物だという。しかし、『見知らぬ日本』のなかでガウズネルが記しているナガタのほとんどは吉田／杉本のことだ。

ガウズネルは、「ナガタ」と題して杉本の紹介に一章を割き、その章の最後の註（4）で、ナガタは二人の日本人を組み合わせた人物だが、ここに記しているのは吉田のことである、と述べている。ナガタは「未だ父親と子どもが言い争いをすることの少ない日本において、そうしたことができる数少ない人物で、ナガタは新しいタイプの放蕩息子」であった。そのナガタの父親に関して、ガウズネルが高等学校の教師と記していることも杉本良吉の経歴と一致している。また、本書第十一章では、「吉田はうつぶせに寝転がって、大阪の新聞に寄せたメイエルホリド劇場に関する僕の原稿を訳し」と記されているが、杉本は実際に大阪毎日新聞社発行の雑誌『芝居とキネマ』にガウズネルの文章を翻訳している。[26]

杉本自身もガウズネルとの交流を通して、同時代のロシア演劇に関する情報を得たのだろう。後年の一九三〇年に出版した『現代演劇論』では、ソヴィエト演劇を概観し、そのなかで、先の佐々木の引用にもあった「五線紙にノートしていく手際」につながる「俳優の動きの記録法」という項目を執筆している。[27] この「科学的」に「スコア」を記録していく態度は、一九三〇年代に日本プロレタリア劇場同盟（プロット）からの派遣というかたちでソ連に入国した佐野碩が、研修先のメイエルホリド劇場で携わる作業へと接続していく。[28]

ガウズネルが記すところによると、早稲田大学に入学したナガタはそこでロシア式の洋服を着た学生たちと知り合い、レーニンやクロポトキンに馴染んでいっ

図5
Г. ガウズネル『学生ナガタ』(1930)
表紙

た。彼は日本人の大衆と交じりあわず、インターナショナルなコムソモールだったとガウズネルは記し、しばしばナガタと東京の街を歩き、カフェで言葉を交わした。このように、杉本良吉はガウズネルの著作のなかで、吉田あるいはナガタと名前を変えながら独特の印象を残していった。そんな彼をガウズネルは、「新しい世代の、我々と歩みをともにする小さな部隊の日本人」、「やりとりは互いに無遠慮で、それが二人にとっては楽しかった」と高く評価している。(29) 同年代の日本の若者とのこうした交流は、ガウズネルのなかに鮮明な記憶として残った。『見知らぬ日本』は、その後、一九三〇年にも内容はそのままでタイトルだけ『学生ナガタ』と変更して再刊されている。

一九三八年、岡田嘉子と樺太から越境したところを捕えられ、その後スパイとして処刑された杉本の経緯は、一九八九年に『アガニョーク』誌で明らかにされた(30)ほか、名越健郎『クレムリン秘密文書は語る』(中公新書、一九九四年)をはじめとして、いくつもの書籍が編まれているため、ここで詳述はしない。しかし、メイエルホリド処刑の引き金になった、あるいはメイエルホリド処刑のために利用されたともいわれる杉本／吉田の脳裏には、一年違いの生まれでありながら、すでに没していたガウズネルの顔が浮かんだのではないだろうか。

同年代の日本人との直接の交流を通じて、ガウズネルはその経験をソ連に持ち帰った。メイエルホリド自身にとって新しい情報があったかというと即断は難しいが、二十歳の若者の日本との関わりは、のちに別の形で実を結ぶことになる。なかでも注目すべきは、ガウズネルの『見知らぬ日本』が原作となって、一九三〇年にラジオドラマが製作されたことだ。これは、日本を旅する一人の青年が主人公のモノドラマであり、演じたのはメイエルホリド劇場の看板俳優エラスト・ガーリン（一九〇二—八〇）だった（ただし、ちょうどこの時期ガーリンはメイエルホリドとの関係を悪くし、メイエルホリド劇場から籍を抜いている）。

三、ラジオドラマ『日本への旅』

エラスト・ガーリンが演じたラジオドラマ『日本への旅』は、残念ながら音源が残っていない。録音技術の発達していないこの時期、ラジオドラマはすべて生放送で行なわれ、放送のたびにガーリンはマイクの前に立って演じた。このドラマは大反響を呼び、現在でもロシアのラジオドラマ黎明期における重要な作品と看做されている。

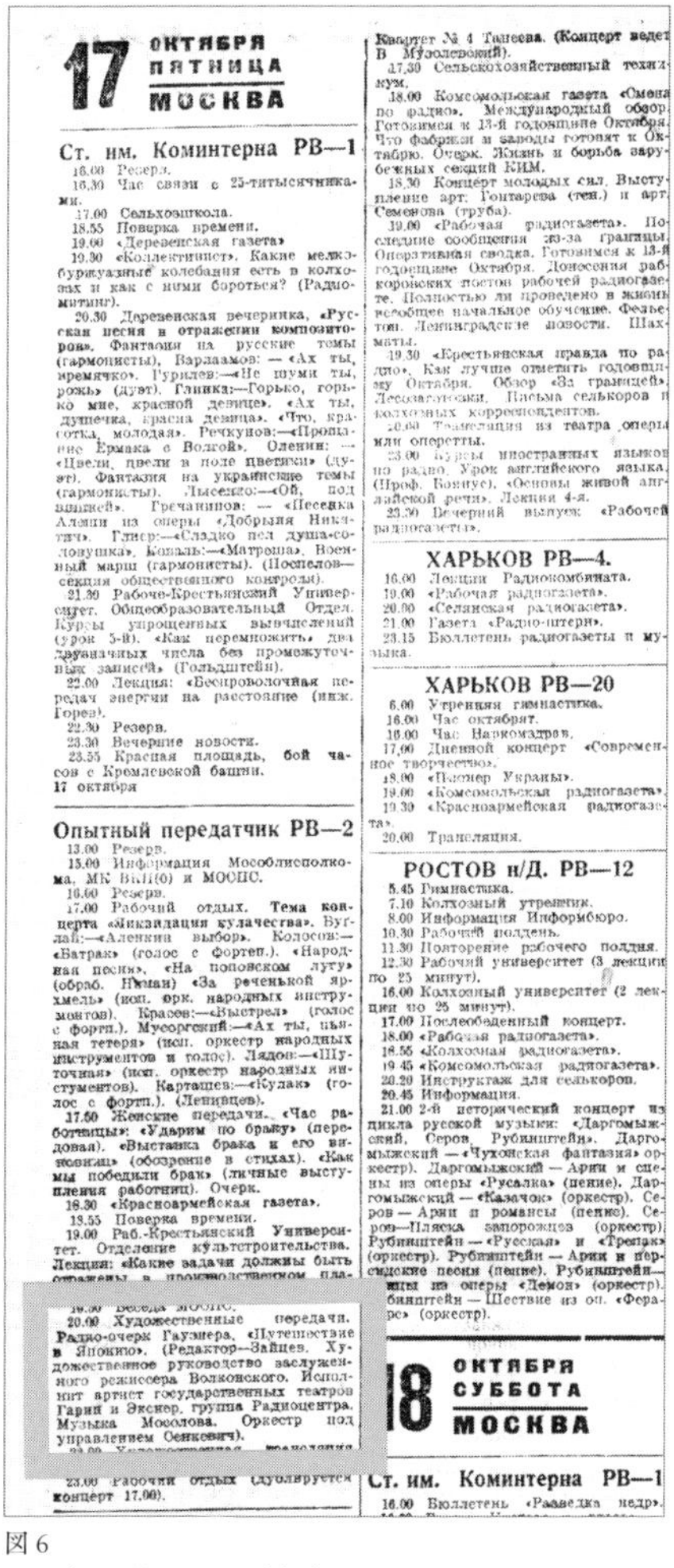

17 ОКТЯБРЯ ПЯТНИЦА МОСКВА

Ст. им. Коминтерна РВ—1

16.00 Резерв.
16.30 Час связи с 25-титысячниками.
17.00 Сельхозшкола.
18.55 Поверка времени.
19.00 «Деревенская газета»
19.30 «Коллективист». Какие мелкобуржуазные колебания есть в колхозах и как с ними бороться? (Радиомитинг).
20.30 Деревенская вечеринка, «Русская песня в отражении композиторов». Фантазия на русские темы (гармонисты). Варламов: — «Ах ты, времячко». Гурилев:—«Не шуми ты, рожь» (дуэт). Глинка:—Горько, горько мне, красной девице». «Ах ты, душечка, красна девица». «Что, красотка, молодая». Речкунов:—«Пропаление Ермака с Волгой». Оленин: — «Цвели, цвели в поле цветики» (дуэт). Фантазия на украинские темы (гармонисты). Лысенко:—«Ой, под вишней». Гречанинов: — «Песенка Алеши из оперы «Добрыня Никитич». Глиэр:—«Сладко пел душа-соловушка». Коваль:—«Матроша». Военный марш (гармонисты). (Поспелов—секция общественного контроля).
21.30 Рабоче-Крестьянский Университет. Общеобразовательный Отдел. Курсы упрощенных вычислений (урок 5-й). «Как перемножить два двузначных числа без промежуточных записей» (Гольдштейн).
22.00 Лекция: «Беспроволочная передач энергии на расстояние (инж. Горев).
22.30 Резерв.
23.30 Вечерние новости.
23.55 Красная площадь, бой часов с Кремлевской башни.
17 октября

Опытный передатчик РВ—2

13.00 Резерв.
15.00 Информация Мособлисполкома, МК ВКП(б) и МООПС.
16.00 Резерв.
17.00 Рабочий отдых. Тема концерта «Ликвидация кулачества». Бугслай:—«Аленкин выбор». Колосов:—«Батрак» (голос с фортеп.). «Народная песня», «На поповском лугу» (обраб. Нейман) «За реченькой ярхмель» (исп. орк. народных инструментов). Красев:—«Выстрел» (голос с фортп.). Мусоргский:—«Ах ты, пьяная тетеря» (исп. оркестр народных инструментов и голос). Лядов:—«Шуточная» (исп. оркестр народных инстументов). Карташев:—«Кулак» (голос с фортп.). (Лещинцев).
17.50 Женские передачи. «Час работницы»: «Ударим по браку» (передовая). «Выставка брака и его виновиц» (обозрение в стихах). «Как мы победили брак» (личные выступления работниц). Очерк.
18.30 «Красноармейская газета».
18.55 Поверка времени.
19.00 Раб.-Крестьянский Университет. Отделение культстроительства. Лекция: «Какие задачи должны быть отражены в производственном пла-
19.30 Беседа МООПС.
20.00 Художественные передачи. Радио-очерк Гаузнера, «Путешествие в Японию». (Редактор—Зайцев. Художественное руководство заслуженного режиссера Волконского. Исполнит артист государственных театров Гарин и Экснер, группа Радиоцентра. Музыка Мосолова. Оркестр под управлением Сенкевич).
23.00 Рабочий отдых (дублируется концерт 17.00).

Квартет № 4 Танеева. (Концерт ведет В Мусолевский).
17.30 Сельскохозяйственный техникум.
18.00 Комсомольская газета «Смена по радио». Международный обзор. Готовимся к 13-й годовщине Октября. Что фабрики и заводы готовят к Октябрю. Очерк. Жизнь и борьба зарубежных секций КИМ.
18.30 Концерт молодых сил. Выступление арт. Гонтарева (тен.) и арт. Семенова (труба).
19.00 «Рабочая радиогазета». Последние сообщения из-за границы. Оперативная сводка. Готовимся к 13-й годовщине Октября. Донесения рабкоровских постов рабочей радиогазете. Полностью ли проведено в жизнь всеобщее начальное обучение. Фельетон. Ленинградские новости. Шахматы.
19.30 «Крестьянская правда по радио». Как лучше отметить годовщину Октября. Обзор «За границей». Лесозаготовки. Письма селькоров и колхозных корреспондентов.
20.00 Трансляция из театра оперы или оперетты.
23.00 Курсы иностранных языков по радио. Урок английского языка. (Проф. Бонпус). «Основы живой английской речи». Лекция 4-я.
23.30 Вечерний выпуск «Рабочей радиогазеты».

ХАРЬКОВ РВ—4.

16.00 Лекции Радиокомбината.
19.00 «Рабочая радиогазета».
20.00 «Селянская радиогазета».
21.00 Газета «Радио-штерн».
23.15 Бюллетень радиогазеты и музыка.

ХАРЬКОВ РВ—20

6.00 Утренняя гимнастика.
16.00 Час октябрят.
16.00 Час Наркомздрав.
17.00 Дневной концерт «Современное творчество».
18.00 «Пионер Украины».
19.00 «Комсомольская радиогазета».
19.30 «Красноармейская радиогазета».
20.00 Трансляция.

РОСТОВ н/Д. РВ—12

5.45 Гимнастика.
7.10 Колхозный утренник.
8.00 Информация Информбюро.
10.30 Рабочий полдень.
11.30 Повторение рабочего полдня.
12.30 Рабочий университет (3 лекции по 25 минут).
16.00 Колхозный университет (2 лекции по 25 минут).
17.00 Послеобеденный концерт.
18.00 «Рабочая радиогазета».
18.55 «Колхозная радиогазета».
19.45 «Комсомольская радиогазета».
20.20 Инструктаж для селькоров.
20.45 Информация.
21.00 2-й исторический концерт из цикла русской музыки: «Даргомыжский, Серов, Рубинштейн». Даргомыжский — «Чухонская фантазия» оркестр). Даргомыжский — Арии и сцены из оперы «Русалка» (пение). Даргомыжский — «Казачок» (оркестр). Серов — Арии и романсы (пение). Серов—Пляска запорожцев (оркестр). Рубинштейн — «Русская» и «Трепак» (оркестр). Рубинштейн — Арии и персидские песни (пение). Рубинштейн—[illegible] из оперы «Демон» (оркестр). Рубинштейн — Шествие из оп. «Ферамерс» (оркестр).

18 ОКТЯБРЯ СУББОТА МОСКВА

Ст. им. Коминтерна РВ—1

16.00 Бюллетень «Разведка недр».

図 6

1930 年 10 月のラジオ番組表。

『日本への旅』が記載されている（左下の囲み部分）。

ガーリンはソヴィエト時代、演劇のみならず映画俳優として名声を博すが、それに劣らぬほどラジオドラマの俳優としても知られていた。その彼がおそるおそるラジオの世界へと踏み出した第一歩が、このガウズネルの『見知らぬ日本』を原案としたラジオドラマ『日本への旅』だった。

演出は、当時マールイ劇場の演出家だったニコライ・ヴォルコンスキー（一八六〇—一九四八）で、彼はガウズネルが書き記したルポルタージュに基づいて独自の「教養ドラマ」を作ろうと考えていた。一般のソ連市民にとって馴染みのない日本という国を、一人のロシア人の若者の目を通して伝える試みとして、ヴォルコンスキーは番組を位置づけた。しかし、ガーリンとヴォルコンスキーは単なる教養番組にするのではなく、旅人のイメージを豊かにし、教科書的な内容から物語へと昇華させようと考えていた。こうして、ガウズネルが目にした東方の見知らぬ国の風景が、当時の演劇界を代表する名優の声に乗り、ソ連のさまざまな地域にいる人々に届けられることとなったのである。

ラジオのスタジオでは、マイクの周りに何台かの蓄音機が設置され、そこから実際に録音された東京や京都の街頭の会話や雑踏の音が流れた[31]。当時のラジオ雑誌『こちらモスクワ』には、『日本への旅』の科白の抜粋がわずかながらも記されており、そこでは、ラジオならではの「語り」と「音」を融合させる試みが看て取れる。

「耳を澄まして。外のカランコロンという音が止んだ。なぜ止んだのだろう。歩いていた人が家に入ったんだ。彼は木板を脱いだ。家には靴下で入っていく」

「リズミカルに手を叩く音が聴こえてくる。（間。ゆったりとした音楽。リズミ

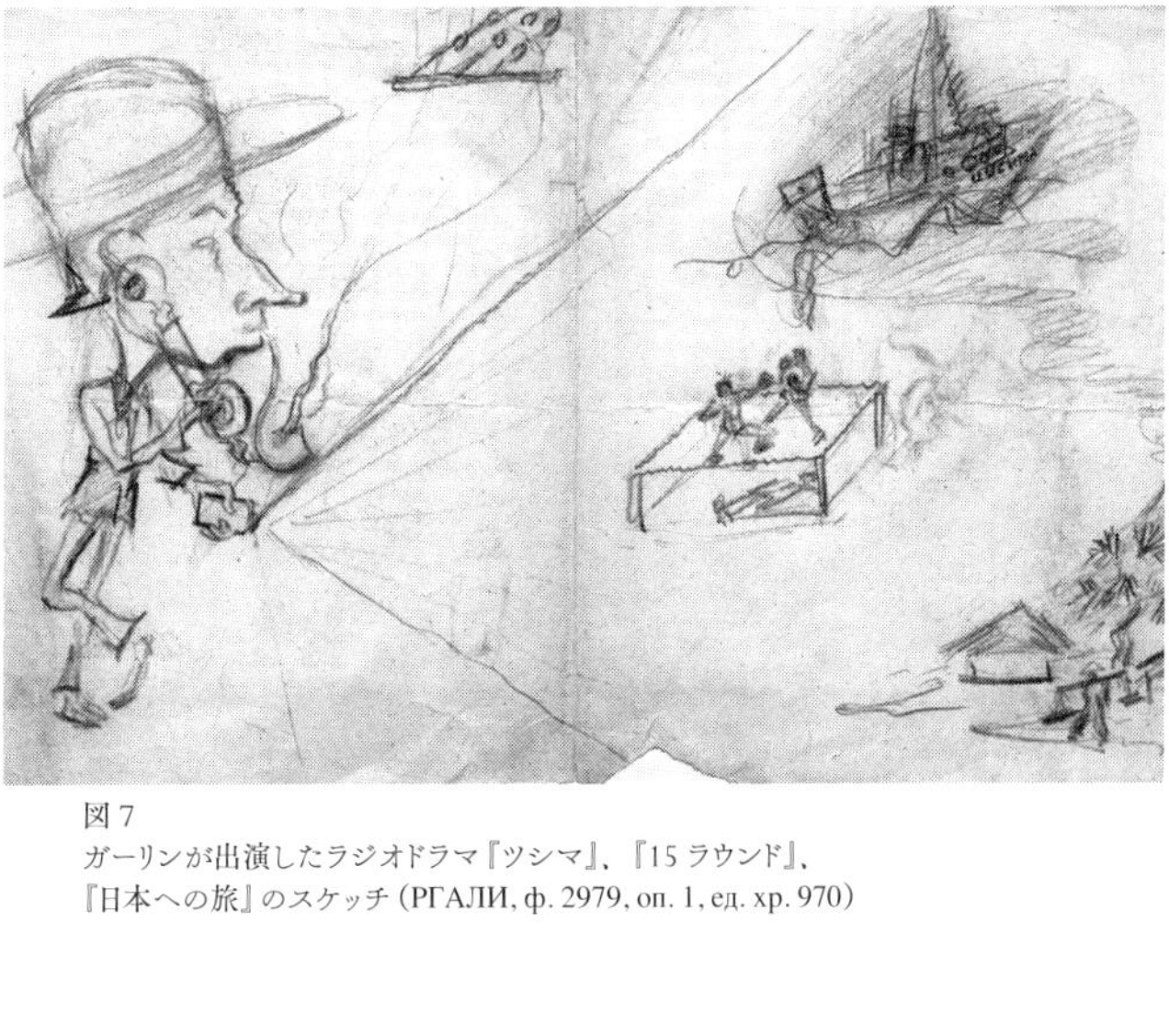

図 7
ガーリンが出演したラジオドラマ『ツシマ』、『15 ラウンド』、『日本への旅』のスケッチ（РГАЛИ, ф. 2979, оп. 1, ед. хр. 970）

よく手を叩く音）これは日本人が神様に祈っているんだ[32]」

全編生放送は、ガーリンの演劇活動の経験が遺憾なく発揮される場になったが、実際に声がかかったときは、ガーリン自身もどのようにラジオドラマを演じるべきか迷っていた。それは、演劇では必ずそこにいる観客や共演者といった自分以外の存在が、モノドラマ『日本への旅』ではまったく考慮できないからだった。共演者の代わりにあるのはマイクという無機質な対象のみ。それは「誰にも向けられていないモノローグ」[33]であった。

その当時、メイエルホリドの演劇におけるテーゼは「フットライトを乗り越える」だった。第四の壁に象徴される自然主義演劇では舞台上に閉じられていた演劇空間を客席に開くことで、舞台と客席との身体的な交流が試みられていたのである。メイエルホリドにとってそのモデルの一つとなったのが、歌舞伎の花道であり、日本演劇における俳優の律動的な演技だった。そうしたメイエルホリド劇場に所属していたガーリンは、だからこそ、俳優の創造行為における観客との交

ПУТЕШЕСТВИЕ в ЯПОНИЮ

КУЛЬТФИЛЬМ В ЭФИРЕ

«Путешествие в Японию», радио-очерк Гаузнера, поставленный режиссером Волконским, является событием. Слушатель должен узнать новую страну, в данном случае Японию. Как показывают ее писатель и режиссер?

ГОЛОС В МИКРОФОНЕ ГОВОРИТ:

Я под'езжаю на пароходе к Цуруге. Японское море.

Диктор — это то лицо, через которое слушатель приближается к Японии. Его голос открывает неуверенность иностранца и удивление перед незнакомыми вещами. Музыкальный и шумовой аккомпанимент, вырастающий из музыки флейт и сямисенов, сопровождает его рассказ.

Задание: нужно показать слушателю Японию, исходя из звуковых особенностей материала.

Улица Токио. Нигде в мире нет такого своеобразия уличных шумов. Шарканье и сухой стук дерева о тротуар—это деревянная обувь (гэта). Гудки пароходов с рейда. Дребезг маленьких трамваев. Мелкие звоночки рикш, чирканье велосипедистов, качающийся колокол продавца сои. Глухое треньканье музыкальных инструментов из закоулка между двумя домами. Гундосый крик громкоговорителя в меняльной конторе.

Как передать в эфир все разнообразие японской улицы — комплексом уличного шума?

«Слушайте. Стук на улице прекратился. Почему он прекратился. Прохожий вошел в дом. Он снял с ног свои деревянные скамеечки. Вошел в дом в чулках».

«Вы слышите мерное хлопанье в ладоши. (Пауза. Медленная музыка. Ритмические удары в ладоши). Это японцы молятся богу».

Некоторые эпизоды из радио-очерка Гаузнера дойдут до любой аудитории. Пример — японский театр. В работе два микрофона. У одного — граммофон с японской пластинкой. Поют флейты, дребезжат литавры. Мяукает высокий и слабый голос главной героини трогательную японскую песенку. У другого микрофона — диктор, рассказывающий содержание того, что происходит на сцене. Вы чувствуете себя в японском театре.

Рассказчик и авторское «я» очерка — артист государственных театров Гарин. Чтение его лишний раз доказывает, что искусство диктора требует огромного мастерства. Ряд неизбежных в очерке сухих информационных мест с цифрами он заставляет слушать с интересом благодаря своего рода декламационному трюку он меняет свой спокойный тон, он «выбалтывает» свои сведения.

Пароход подходит к Японии. Рассказчик еще ничего не знает о ней кроме того, что можно прочесть в журналах и школьных географиях.

«Японский архипелаг представляет собой островную дугу, протянувшуюся с северовостока на юго-запад. Обрабатывающая промышленность выражается в следующих цифрах, добывающая — в следующих», — говорит он слушателю залихватским тоном, намекающим на то, что он еще не совсем уверен во всем этом, он проверит все это вместе с слушателем.

И он проверяет это вместе с слушателем. Он острит, опрашивает, декламирует, используя все возможности, представляемые текстом.

Чтение Гарина действительно может назваться из ряда вон выходящим.

Из опыта передачи «Путешествия в Японию» следует извлечь и запомнить следующее:

Культурфильм в радио — полноправный и необходимый жанр. Но следует избегать в нем двух вещей—натурализма и оперности. Эпизод, в котором передается великолепный рассказ пролетарского японского писателя о рабочих Осака, сильно разжижен и испорчен трагическим эхо, поющим на разные голоса: «голод, го-олод, го-о-олод» и театральным шопотом: «трупик Цуме-сан в деревянный гробик положили» и т. д. Эти места безусловно следовало упростить.

Б. Л-ин.

Повторная передача, 31 октября, 17 час., ст. ВЦСПС

СОДЕРЖАНИЕ

Радио-очерк в 2-х частях Г. Гаузнера

Рассказчик — артист Гостима Э. Гарин

Советский путешественник подплывает на пароходе к японским берегам. Он очень мало знает об этой стране. Еще недавно это была красочная страна хризантем, гейш в карликовых садов — так описывали ее все европейские путешественники. Если судить по сегодняшним газетам — Япония страна империализма, пятнадцатичасового рабочего дня, заводов, морских вооружений, оголтелой полицейщины, — об этом говорит рассказчик.

Пароход подошел к пристани. Толпа репортеров нападает на приезжего из советской страны:

— Кто вы? Зачем вы сюда приехали? Надолго ли? Спокойно — снимаю! По каким делам?

Вырвавшись из-под их назойливого шпионского внимания, мы проходим вместе с рассказчиком по улицам Цуруги и отправляемся в дальнейшее путешествие вглубь страны.

Мы видим и слышим сегодняшнюю Японию, страну, где крестьяне вспахивают землю мотыгой, где нищета невероятна, где лучшие в мире железные дороги и худшие в мире условия труда, где рабочие и студенты распространяют сочинения Маркса и Ленина, написанные иероглифами.

Станция Иокогамма. Токио—столица Японской империи. Рассказчик садится в вагон трамвая.

Постепенно из бурных торговых кварталов центра мы попадаем на окраину, где навстречу нам бегут маленькие домики со стенами из фанеры и промасленной бумаги, узкие переулки, лавчонки ремесленников, огромные иероглифические транспаранты. Тоскливая мелодия японских национальных инструментов вытесняет шум современного города. Мы попадаем в старинную Японию.

Мы в японском театре. У дверей нас заставляют снять башмаки. В одних носках мы входим по плетеным циновкам в ложу. На сцене заливается старинный оркестр, ведя непонятную для нашего уха мелодию. Актеры в масках разыгрывают похождения древних героев и императоров.

Рассказчик об'ясняет нам все, что происходит на сцене.

Снова в вагоне. Мы едем в большой город Осака, находящийся в нескольких часах езды от столицы. Здесь современная Япония. Осака—город бесчисленных заводов и японского пролетариата. Здесь куются ключи могущества японского капитализма.

Здесь все для нас ясно: эксплоатация, полицейский террор, чудовищные условия труда. Осака—столица пролетариата, осознавшего уже свои классовые интересы и цели. Странной, мрачной и печальной историей, рассказанной японским пролетарским писателем Акита, заканчивается очерк.

Гарин читает очерк «Путешествие в Японию».

Композитор А. В. Мосолов, музыкально иллюстрировавший очерк «Путешествие в Японию».

Режиссер Н. О. Волконский на репетиции очерка «Путешествие в Японию».

13

ГОВОРИТ Москва № 30

図 8

『こちらモスクワ』紙の記事。ガーリンが演じている様子や、
音楽を担当したA. B. モソロフ（上から3枚目）のポートレート、
そして『日本への旅』稽古風景（左＝演出のヴォルコンスキー、右＝ガーリン）が
掲載されている。

流の重要性を強く意識しており、目の前に客席がないラジオドラマに対してどのように向き合えば良いのか悩んでいた。ガーリンは次のように述べている。「観客からの働きかけによって力づけられることのないラジオでの言葉は、自分自身で受け止め、付加的な重みを添える必要があった。言葉は立体的、物質的、効果的にならなければならなかった。言葉は、旅人の途切れない人生、彼の動作の結果とならなければならず、そのとき動作に随伴され、動作を先導する言葉は巨大な表現力を獲得する」(34)

こうした課題を自らに課したガーリンは、その解決法として二つの項目を掲げた。

第一の決まりごと、それは「場面の地理的な決定——つまり行為の場」だ。私はラジオのリスナーにとって文学的な語りだけでは不十分であることに気づいた。[……]ラジオのリスナーが出来事の現実を納得するためには、正確なミザンセーヌと行為のパントマイムを作り出すことが不可欠だった。パ

ントマイムは、もちろん、聞こえないのだが、それは言葉の働きかけに説得力をもたせる。(35)

このようにガーリンは、メイエルホリドがかつて日本演劇やその他の演劇から抽出した演劇の空間性および俳優の身体性の規範をラジオに持ち込んだ。それは独特の抑揚を生み出し、聴衆を惹きつけた。同時代の映画雑誌でも、この作品に対する好意的な評価が確認できる。

彼〔ガーリン〕は、詩的な抑揚を保ち、その音楽性と内容を結びつける。詩のようであり、歌のようでもある軽やかで音楽的な語りが生み出される。ときどき、語りの流暢さが皮肉に、規則正しさが感嘆に取って代わる。所得や失業者の数字が読みあげられるときでも、ガーリンの語りの手法はやはり惹きつけるものがある。(36)

彼はまた、このラジオの仕事にあたって「歌舞伎俳優たちが非常に役立った」と述べている[37]。これは一九二八年の歌舞伎巡業でモスクワにやってきた河原崎長十郎との交流を指している。河原崎長十郎は歌舞伎巡業のため、七月八月とモスクワ、ペテルブルグを訪れたが、その後ヨーロッパを周り、十月に再びモスクワに戻った。この二度目のモスクワ来訪時に、ガーリンと河原崎は親交を深めていた。そして、このとき、河原崎とガーリンを引き合わせたのもガウズネルだった。ガーリンは、恋人に宛てた手紙のなかで次のように書いている。

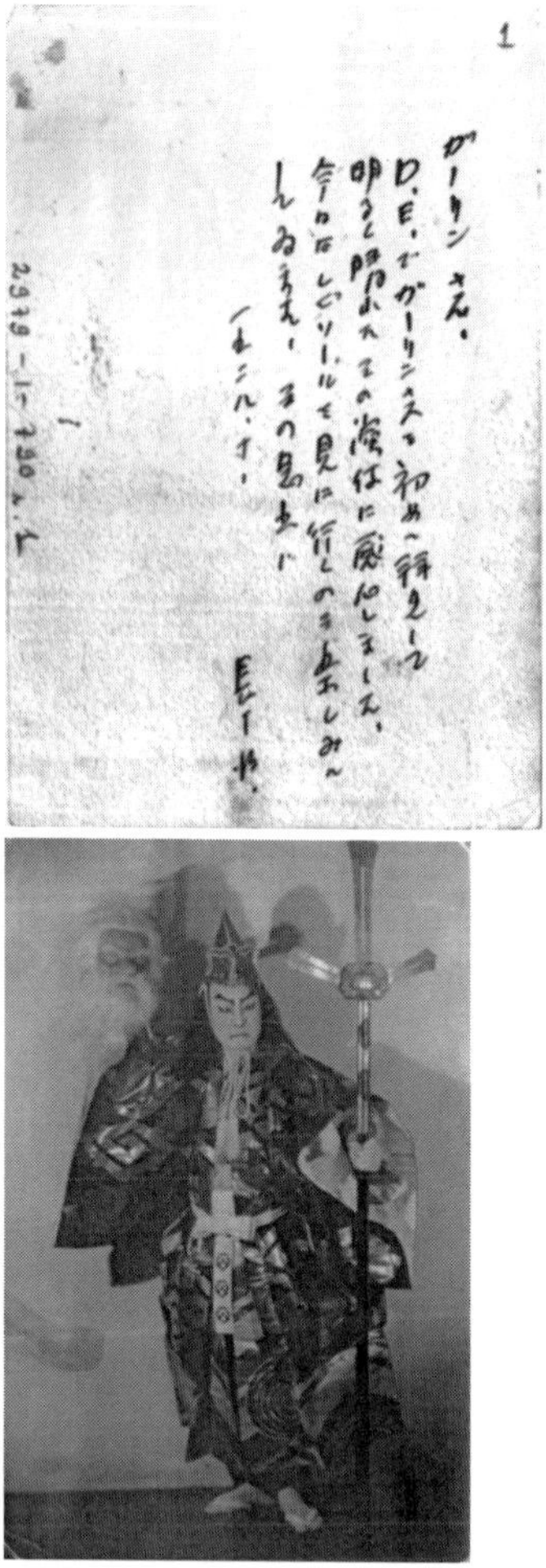

図 9
河原崎がガーリンにプレゼントしたポストカード。
（РГАЛИ, ф. 2979, оп. 1, ед. хр. 790, л. 1）

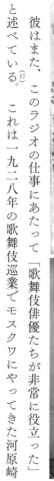

「ガウズネルが歌舞伎の俳優を連れてきた。僕たちは身振りで話をした。彼は日本語以外は何も話さない。僕はロシア語だけだ。でも、まったく問題なかった。〔……〕歌舞伎の人もまた満足して、彼はロシア演劇が一番、次にドイツ演劇が好きだと言っていた」（一九二八年十月二十日付）。(38)

その後もガーリンは河原崎と交流し、彼が披露した歌舞伎の手法にひどく心惹かれていた。「十月二十八日（日曜）稽古をキャンセルし、午前中ずっと日本人のところにいた。彼は歌舞伎の手法を見せてくれた。すぐ目の前で、化粧も衣裳もなしで。これははるかに強い印象をもたらした。僕は彼にいくつかの演目の写真をプレゼントした。彼は僕に黙劇『だんまり』の自分の写真をくれ、添え書きをしてくれた。昨夜は『査察官』に訪れ、その喜びを伝えにきてくれた」(39)

このときの交流に関しては、河原崎自身も帰国後に雑誌『ソヴエート芸術』（一九二九年四月号）上の座談会で語っている。

河原崎　あすこにガーリンさんといふ俳優がゐるのですね。この先生などがホテルに遊びに来たりして懇意になつたのですが、盛んに女形の修行なんかをきいたりしてゐました。どんな風にするのだと言つて……。それからこの人は或芝居で三四人の役を一人でやるのです。舞台の上手の方に一人女がゐて、それが色々の道具を持つてゐるガーリンさんが一役するとそこへ来てレーンコートを着てコシマキをきてそれを着替へる所を見せてゐる、絶えず次ぎ〳〵と変へていつて、傘をさして娘になつたりして(40)

こうしたやりとりが、ガーリンのラジオドラマにどのような影響を与えたのかは定かではない。後年のインタビューのなかでガーリンは「彼ら〔歌舞伎俳優〕はどのようにラジオに関係しているのですか？　ラジオはまるで逆で、言葉、言葉、言葉、では……」と質問されている。ガーリンはこれに「問題は、口伝えのものを視覚的にするということです」(41)と答えるにとどまった。しかし、観客のいないラジオでの演劇、すなわち口伝えのものを視覚的にする、という考えは、メイエルホリド劇場において俳優の身体性と観客の反応が具体的なレベルで求められていたことを逆説的に証明するものだった。

日本演劇をはじめとして、さまざまな身体表現を強く意識していたメイエルホリドは、以後、世界各国の演劇文化から身体的要素を抽出して、ビオメハニカという俳優の訓練方法を作り出した。その基本公式は、N＝A1＋A2と書きあらわされる。Nは俳優のこと、A1は構想をたて、その構想の実現に向けて指示を与える構成者、そしてA2とは構成者（A1）の課題を実行に移す執行者、すなわち役者の身体を意味している。

俳優の演技を身体とそれを操る主体とに分けて考えるこの訓練は、なによりも空間における身体の在り方を俳優が自覚的に考察することを目指したものだった。この点で、メイエルホリド劇場の名優であったイーゴリ・イリインスキーによるビオメハニカについてのコメントは示唆的だ。「ビオメハニカの演技システムは、自分の身体を舞台上にもっとも有効かつ正しい形で配置させる一連の手法に始まり、俳優技術のもっとも複雑な問題、つまり動き、言葉、自分の感情や俳優としての興奮性のコントロールの問題までを含むものだということはほとんど知られ

ていない」(42)

空間における身体の状態が、言葉や感情にまで作用する。つまりガーリンのラジオにおける声（言葉の表現）もやはり身体表現の延長線上にあるものとして理解されていたことがわかる。こうした演劇観にもとづいて考えると、ガーリンと河原崎の交流も、共通の言語はなくとも、互いに訓練された身体による身振りを通して、言葉の意味を理解しあっていた光景が想像できるだろう。

実際、ガーリンは言葉と身体の関係を常に意識していた。一九三〇年代、佐野碩とともにメイエルホリド劇場付属の演劇研究工房で働いていたリュボフィ・ルドネヴァは、ガーリンの演技を次のように記している。「ガーリンにはなにかパントマイム的な抑揚があった。これは単なる身振りではない。彼独特の――生まれつきの――いくぶん奇妙な声は魅力的で、伸びた母音は少し怪しく響いたり、不意の音の連なりを描き出したりした。さらにこの俳優は素晴らしい発声方法を獲得していて、決してテクストに「準じ」たりはしなかった。音調それ自体は一瞬にして変化し、視覚的な音のイメージが立ちあがるようだ(43)」

こうしたガーリンの演技についてルドネヴァは、歌舞伎との関係のなかで語る佐野碩の言葉も記録している。

驚くなよ、ガーリンの技術は生まれつきの名人芸だ。彼の正確な間《ま》は歌舞伎俳優の演技のそれに似ている。でも歌舞伎ではこれは昔から完成されていたんだ！　僕たちの（彼はこのとき日本の俳優たちを念頭においている）なかでは、間は実に多くのことを意味している。間は観客が俳優の芸術にとけ込む可能性を与える。どんな風にガーリンは最初に舞台に現れた？　彼の舞台からのはけ方はどうだ？　最後、彼はどんな風に深くお辞儀をして、シルクハットを振りあげ、舞台から走り去っていった⁉　偉大な日本人たちは最初の登場とそこからの退場がどのような意味をもっているかを知っている。〔……〕いや、考えちゃ駄目だ、僕は覚えているよ、エラスト〔・ガーリン〕が全身でゴーゴリから抜け出ていたことを、これは「科学」でインスピレーションだ。そして彼の行為と演技の鋭さには、彼を歌舞伎の俳優に近づける片鱗が

ある。(44)

エラスト・ガーリンは、メイエルホリドが日本演劇から抽出した、演劇における身体と空間のエッセンスを自分のものとしていた。佐野碩が三〇年代にメイエルホリド劇場で観たガーリンの演技とは、メイエルホリドのもとでの長年の訓練し、歌舞伎俳優との交流を通じて獲得されたものだった。それは、二十世紀前半における日露演劇交流を技芸として昇華・体現されたロシア人俳優の姿であり、本書で描かれたガウズネルの体験もまた、そのガーリンの声によって物語られ、ソ連の人々が日本を想像する一つのきっかけとなったのだった。

四、日露交流史の陰影――ロマン・キムとの関係

近年発表された書籍のなかで、ガウズネルに関して興味深いエピソードが書かれている。彼の父親は、ロマン・キムのエージェントだった、というものだ。

ロマン・キム(一八九九—一九六七)とは、ウラジオストク生まれの朝鮮系ロシア人で、一九〇六年に日本にわたり、一九〇七年から一九一七年まで日本の慶應義塾幼稚舎と普通部で教育を受けた。その後ロシアに帰国すると、「日本語ができるロシア人」として、日露関係のさまざまな場面に登場することになる。また、戦後はいわゆる探偵小説などいくつかの作品を残し、作家として知られた人物である。(45) 本書『見知らぬ日本』第四章の「註釈」にも、ピリニャークの『日本の太陽の根蔕』へキムが寄せた「蛇足」の一節が引用されている。

ロマン・キムは日本語が極めて堪能だったために、一九二〇年代から一九三〇年代の在ロシア日本人コミュニティによく顔を出していた。芥川龍之介のいくつかの作品をロシア語に翻訳し、一九二四年には「藪の中」を『東洋作品集』という雑誌に掲載している。そのほかにも全ソ対外文化連絡協会(ヴォクス)が主催していた「日本文学の夕べ」(46)をはじめとして、この時期の日本関係の各種イベントに日本文学の専門家として出席し、一九二七年に小山内薫が訪露した際の通訳も務めている。(47) そして何より、戦前には日本側からの情報を得る内務人民委員の課報員として活動したことが現在では知られている[48]。

一九三七年には「日本のスパイ」として逮捕され、二十年の懲役刑となるが、戦中には対日活動として電信の解読・翻訳に関わった。一九四七年末に釈放された岡田嘉子に外国文学出版局の仕事を紹介し、翌一九四八年にはロマン・キムが保証人となり、岡田はモスクワ放送局の日本課に就職している[49]。戦前の日本人コミュニティのなかで暗躍していたロマン・キムの活動はここ数年に出版されたイヴァン・プロスヴェトフ『代父』[50]（二〇一五年）やアレクサンドル・クラノフ『ロマン・キム』[51]（二〇一六年）に詳しいが、日露文化交流を多角的に考察するためにも、さらなる研究がまたれている人物の一人である。

そして、このロマン・キムと個人的な関係を持っていたのが、グリゴーリー・ガウズネルの父親だった。本稿の最後に、単なる作家・演劇人にとどまらないガウズネルの交友関係を浮き立たせるため、彼とロマン・キムとの関係をみておきたい。

この時期、ロマン・キムはさまざまな形で日本人と交流していたが、彼自身がもっとも信頼していたのは、日本人で初めて常駐新聞通信員としてモスクワに駐在していた東方通信社の大竹博吉である。東方通信社はこの当時の日本外務省関連機関だった。大竹は極東ウラジオストクに勤務時代に、日本の憲兵に連行されそうになったロマン・キムを救った過去があった。[52]『朝日新聞』のモスクワ特派員として、一九三一年から三八年までソ連に滞在していた丸山政男は、この当時のキムとの交流について、大竹博吉に関する回想のなかで「大竹氏があらたに私と一緒にモスクワにきた時、一番にかけつけてきたのはこのロマン・キムだった。〔……〕一九三一年のモスクワでは、この旧知の三人がよく会い色々とキムの世話になった」と書いている。[53]

しかし、大竹や丸山とロマン・キムとの間の交流は、あるときを境に途絶する。

我々がモスクワに住んで四カ月も経った頃かと思うが、大竹氏が私に突然こう言った。「今後、絶対にキムに会ったり、電話をかけたりしないでくれ。

それは彼のためだ、分ってくれ」と。もちろん、その以後大竹氏も私も、キムと会うことは全くなかった。〔……〕

大竹氏はその後、一言もキムのことを口にしなかったし、大竹氏がモスクワを去る時にも、ついにキムは見送りにもこなかった。私はそのままモスクワに残っていたが、その時から三年くらい経ったころ、私はメジクニーガ（国際書房）の売店でひょっこり彼に出会ったことがある。その時、彼は内務部の制服を着ており、その襟章はたしかに少将クラスのものだったと記憶している。私は一言も言葉をかけたりしなかったし、彼もハッとしたようだったが、なにげない様子で、横を向いて書棚をさがしていた。(54)

親しくしていたがゆえに、ロマン・キムは事情を察していた大竹博吉や丸山政男との交流を避け、一方で、爵位を有した演出家として知られた土方与志たちの集まりには、ときおり顔を出していた。土方がソ連に滞在していた時期に、土方の個人通訳として、また友人として付き合いのあったナタリヤ・セムペル＝ソコロヴァは、その回想録で、土方与志や佐野碩のグループにロマン・キムがいたことを記している。

このグループでもっとも権威ある人物だったのは、朝鮮人のロマン・ニコラエヴィチ・キムだった。菱形のバッジをつけた軍人で、内務人民委員の職員、さらには異色の作家であった。私たちはその当時ちょうど出版された、日本文学に関する彼の本『向こう三軒両隣』を読んでいた。私は彼の鋭く簡潔な文体がとても気に入った。ロマン・キムは常に隙がなく、冷ややかで、絶えず忙しくしていたため、彼を目にすることは稀だった。青白く黄色い知的な顔、繊細な顔つきをしていた……。〔……〕このグループでは、来るべき世界革命の話題を除いて、政治について話されることはなかった。あたりにはすでに不穏な雰囲気が漂い、誰もが追跡されていたが、このことを全員が知っていたわけではなく、緊張感が張り巡らされていたわけでもなかった。(55)

このように、ロマン・キムの行動は付き合う日本人の立場によって変わった。大竹や丸山は特派員としての立場があり、土方や佐野は政治的亡命者として日本大使館との関わりを絶っていた。内務人民委員で働くロマン・キムにとって、その線引きは非常に重要だった。それは、土方や佐野とであれば距離を置かずに話せるということではなく、むしろ、クラーノフが指摘しているように、ロマン・キムが内務人民委員の制服を着て、彼らの前にいたことに意味があったのだろう。(56)

ロマン・キムは戦前のソ連において、日本に関する専門家として捉えられており、それゆえ、当時の日本人コミュニティでも特別な立ち位置にいた。こうしたロマン・キムの生涯を綴ったイヴァン・プロスヴェトフ『代父』では、ロマン・キムの親しい友人の一人がグリゴーリー・ガウズネルだった、と書かれている。そして、プロスヴェトフおよびアレクサンドル・クラートフによれば、ガウズネルの父親であるヨシフ・グズネルは、ロマン・キムにとって重要な協力者「エー

ジェントX」だったのである。(57)

ガウズネルの父ヨシフ・グズネルは、小さなトラストでの勤務や演劇チケットの売り子をしながら、キムを介して内務人民委員の指示に従い、第二メシャンスカヤ通り二七（現在のギリャロフスキー通り）にある自宅の一室に電話線を引いて、その場所を日本人に貸していた。(58) 一九三〇年にソ連に亡命していた日本人コミュニストの山本懸蔵も、一時期このグズネル家の一室に住んでいた。山本懸蔵はソ連滞在時、タナカという偽名を用いて生活しており、そのときのエピソードをガウズネルは一九三〇年十一月二十七日の日記に書いている。

タナカが嘆願してきた。「外国人には女性教師が必要だ」と。四十人の女性が集まった。まるでヴォードヴィルだ。女性たちが五、六人ずつやってきて、階段で相談し合い、ドアをノックする……。マルシャはてんてこ舞いだった。彼は綺麗な女性を選ぼうとしていた。家族は皆、興味津々だった。ライサはキッチンに駆け込んできて、どんな女性が来たかを話した。英語の手紙に顔写真が貼ってあり、そこにはMy name is Vera. I am 20 years old. Fairy hair. と書いてあった。タナカはすぐに三人を選んだ。[59]

豪放磊落とも形容される山本懸蔵の性格を表わす（と同時に呆れてしまう）エピソードである。第二メシャンスカヤ通りのグズネル家にはこのように日本人が定期的に居住していたが、それはガウズネルの父親を通して内務人民委員がその行動を監視するためだった。

ガウズネルの日記には、一九三三年十一月五日付で次のような記述もある。

　メシャンスカヤでパーティー。死ぬほど退屈でうんざりする。役人たちはとめどなく政治について（日本語で）喋っている。こうしたことは以前にはなかった。絶えず「セントウ」「シナ」「チョーセン」という単語が発せられていた。十一時、丸山に電話があった。彼は戻ってきて、「片山〔潜〕が死んだ」と話した。再び活気ある会話。「イッキ」「チョーセン」「シナ」という単語。それから丸山はロシア語で「フショ・ブヂェト・ハラショ〔すべて良くなるさ〕」と言った。通訳はライカのカメラで写真を撮っていた。(60)

こうして父親はキムの、つまり内務人民委員の前身であるOGPU〔合同国家政治保安部〕の協力者として働いていたが、息子のグリゴーリーもそのような立場にあったかというと判断は難しい。というのも、ガウズネルの義母ヴェラ・インベルはレフ・トロツキーの従姉妹だったのだ。その娘であるジャンナとの結婚によって、彼はトロツキーの親戚となっていた。一九二四年のレーニン死後、スターリンとの政治闘争に敗れたトロツキーは、一九二七年には中央委員会から除名され、一九二九年にはソ連から国外追放されている。その後、一九三六年にメキシコに亡命、一九四〇年には同地で暗殺された。それゆえ、粛清の吹き荒れる一九三〇年代、「トロツキスト」と名指されることは、すなわち死を意味した。トロツキーの親族であることは、それだけで危険なことであり、父親がOGPU／内務人民委員のエージェントとして働いていたことと合わせ、ガウズネルは極めて微妙な立場にいたことが推測される。

ガウズネルの日記には、ときおりロマン・キムが登場する。

キムとツィンと散歩。レストラン「ヨーロッパ」に入る。キムの堅苦しい振る舞い（これはもはや気障というより、単に子どもっぽいだけだ）。僕はまたこの感覚にはまり込んでしまう。僕は、この人たちとは一時的に一緒にいるだけで、すぐに離れるということを忘れてはならない。キムはあけすけにフォックストロットを踊ろうと提案する。ツィンは、「そういうヨーロッパのインテリぶった振る舞いはやめて」と言っていた。氷の入った冷菜スープ。エゾライチョウの串焼き《シャシリク》(61)。

ここで登場するマリアム・ツィンは、ニコライ・コンラドのもとで学んだ日本学者で、ロマン・キムの二人目の妻だった。戦後には、ソ連国内で『大和露辞典』（一九七〇年）や日本語の教科書の編纂を担い、ソ連期の日本研究を牽引した人物でもある。一九三〇年代、彼女は土方梅子（与志の妻）が働いていたモスクワの東洋学研究所で教鞭をとっていた。また、岡田嘉子が一九四三年にモスクワの収容所ルビャンカに収監された際、同室となったのが、このマリアム・ツィンだった。一九九五年の『今日の日本』という雑誌には、三号続けて岡田嘉子に関する記事が掲載されている。そこでマリアム・ツィンは、執筆者の東洋学者アレクサンドル・ツヴィロフに対して次のように語っている。

一九四三年の初め、たしか年明けすぐだったと思います、扉が突然開いて、私の室に小さくて可愛らしい女性が現れたのです。黒髪で、とても活きいきとした大きな美しい目をした女性でした。彼女は挨拶をし、続けてロシア語でなにか話し始めました。でも私はすぐにそれが日本人だとわかったのです。こうして私たちは知り合いました。その女性の名は岡田嘉子と言いました。(62)

私たちはとても仲が良く、互いに信頼していました。ある時、彼女が急に私にこう言ったんです。「ねえ知ってる？　私はただの日本人じゃないの。有名な女優で、日本中が私のことを知っているの」と。そして彼女の身に起こったことを話しだしたのです。私が、どうして家でじっとしていなかったのかと尋ねると、彼女は、ぜんぶ愛情のせいねと言い、笑ったり頭を抱えたりしながら、「OOBAKA! OOBAKA!」（ロシア語で「馬鹿」という意味です）と泣き始めたんです。彼女は、実際のところ、非凡な、多才な人で、とても上手に絵を描き、詩を書き、歌もうたえて、ダンスだってできました。私は、その牢獄で彼女からもらった絵をまだ何枚か持っています。彼女はいつも陽気で、私は涙もろかったのですが、彼女の涙は一度として見たことはありませんでした。(63)

こうした記録を見ていくと、戦前から戦後にかけてのロマン・キムと日本の関わりの複雑さが看て取れる。大竹博吉や丸山政男はグリゴーリー・ガウズネルの家に出入りしつつもキムと距離を置き、土方与志や佐野碩はキムと家族ぐるみの付き合いをしていた。その一方で、ガウズネルの家とキムの間には特別な関係があった。ロマン・キム、グズネル家、土方と佐野、そして大竹や丸山といった駐在員グループ、一九三〇年代のソ連という足元の揺らぐ環境のなかで、それぞれがそれぞれの立場を意識しつつ、慎重に行動していたのである。このようにロマン・キムは、表に出てこない、いわば日陰の日露交流史における中心人物であり、そうした枠組みのなかに、ガウズネルは引き込まれていた。

もっとも、ガウズネルはキムとしばしば会っていたとはいえ、このOGPU／内務人民委員の人間に対してあまりいい印象を抱いていなかったようだ。先に引いた「この人たちとは一時的に一緒にいるだけで、すぐに離れるということを忘れてはならない」という記述には、ガウズネルがキムたちと交流せざるをえない理由が見え隠れする。それでも、実際に彼が諜報活動に参加していたのか、あるいはそもそもそのような任務を与えられていたのかは定かではない（少なくともアーカイヴに残された日記からはその事実はうかがえない）。

とはいえ、文学史家のナタリヤ・グロモヴァがガウズネルの義母インベルのメモ書きを参照しながら記しているところによれば、その関係はやはり何がしかの影を落としていたのだろう。

〔ガウズネルはアブハジア共和国の〕ガグラには数日しか滞在しなかった。最初は単なる風邪で、四日寝込んだ後、死んでしまった。診断は髄膜炎だった。〔……〕付き添っていたのは彼の妻のジャンナだけだった。病院から戻ったジャンナは最期を悟ると、ガウズネルのものをビリビリに破いて、窓から投げ捨てはじめた。感染を恐れたのか？　あるいは何か他の理由が？　インベルはこの表現に二重線をひき、おそらく神経を衰弱していたジャンナは、悲しみから解放されるためにこうしたのだろう、と考察してそのメモ書きをとじている。

ガウズネルと日本の深い結びつきは、彼の親族にも影響を与えた。これは次のようなインベルの慎重な但し書きにもあらわれている。「ガウズネルの家

族。日本のジャーナリストたち。日本人全員。これらが原因で〔私は〕のちに苦しむことになった。(64)

OGPUの協力者を実父に持ち、トロツキーの親戚の妻をもつというとても微妙な立場にあったグリゴーリー・ガウズネルは、しかし、表向きには政局に巻き込まれることなく、大粛清の時代を迎えることもなく、一九三四年九月四日、アブハジア共和国のガグラにおいて二十七歳の短い生涯を終えた。

夭逝したガウズネルの日記やブロックノートといった資料は、現在、ロシア国立文学芸術文書館に保管されているが、A・クラーノフは、もしガウズネルが粛清の嵐が吹き荒れる一九三七年まで生きていたら、それらの資料は日の目を見ることはなかっただろう、と記している。(65)

＊本稿は、「メイエルホリド劇場と日露交流――メイエルホリド、ガウズネル、ガーリン」（永田靖＋上田洋子＋内田健介編『歌舞伎と革命ロシア』森話社、二〇一七年所収）を元に、大幅に加筆修正したものである。

註

（1）多くのロシア語の文献では、ガウズネルは一九〇七年にモスクワで生まれたとされている。しかし、ニューヨークのユダヤ人遺産博物館サイトのデータベース（https://www.jewishgen.org）によると、ガウズネルとされる人物は、一九〇六年十一月一日にキシナウ（モルドヴァ）で生まれたと記されている。筆者には、本データと作家ガウズネルの同一性を判断する能力がないが、ガウズネル自身は日記のなかで、一九〇六年生まれと記しているため（РГАЛИ, ф. 1604, оп. 1, ед. хр. 1036, л. 137）、ユダヤ人遺産博物館に倣って、一九〇六年キシナウ生まれとしておく。

（2）*Просветов И.* «Крестный отец» Штирлица. М., 2015. С. 108.

（3）*Горький М., Л. Авербах и др.* «Беломорско-Балтийский канал имени Сталина: История строительства, 1931-1934 гг.» Ред. М. Горький, Л. Авербах, С. Фирин. М., 1934.

（4）*Громова Н.* Узел. Поэты: дружбы и разрывы (из литературного быта конца 1920-х -

30 -х годов). М., 2006. С. 230.

（5）*Громова Н.* Узел. Поэты. С. 106.

（6）*Пильняк Б.* Корни японского солнца. Л., 1927. 同年に日本語に翻訳され、出版されている（ピリニャーク『日本印象記――日本の太陽の根蔕』井田孝平、小島修一訳、原始社、一九二七年）。ピリニャークは、その後、一九三二年にも来日した。

（7）*Бонч-Осмоловский А.* «Г. Гаузнер. – «Невиданная Япония». Изд. «Федерация». М. 1929 г. Стр. 123. Ц. 80 коп.» // Новый Мир. №2. М., 1929. С. 285-286.

（8）「日露芸術家の会談記」『新潮』一九二七年七号、二一―一八頁。なお、このときのガウズネルの肩書は「ロシア中央文学協会秘書」と記されている。この会談がいつなされたか正式な日時は不明だが、芥川龍之介はその直後の同年七月二十四日に服毒自殺している。

（9）「ガウズネル君との対話」『読売新聞』昭和二年六月十三日。

（10）ガウズネル「新ロシアの女優」『女性』一二巻五号、プラトン社、一九二七年十一月、一三〇―一三五頁。

（11）ゲ・ガウズネル「日本演劇の秘密」『太陽』三三巻一三号、博文館、一九二七年十一月一日、二〇九―二一四頁を参照。

（12）『新劇の40年』民主評論社、一九四九年、一〇四頁。

（13）ガウズネル「メイエルホリドの発展過程」『文芸戦線』一九二七年十月号、六九—七〇頁。

これに加えて、昇曙夢もガウズネルの日本演劇観を次のように引用して紹介しているので、以下に引用する。

「……日本の新しい演劇体系は如何なるものでなければならないか。私は試みにその形式を予言して見よう。私のこの予言は、世界各国の演劇に於けるあらゆる新劇運動の研究に基づくものである。総てこれ等の革新は何処でも一様に生じている。その外に、私は日本演劇のあらゆる専門的な特殊性にも注意を払つた。

一、新日本劇の創立者たるべき天才は、疑ひもなく歌舞伎の中心から生まれるであらう。たゞ歌舞伎のみが歌舞伎を征服するために必要な技術的蘊蓄を与へることが出来る。

二、新日本劇の創立者は其劇の形式を、ヨーロッパ劇（特にロシヤ劇）の形式要素と能の形式要素とから建設するであらう。そして彼は、歌舞伎がその本来の伝統を失つた事を肯定し、又能の復興が日本劇をその本来の道程に帰すものであることを証明するであらう。同時に彼はメイエルホリドとスタニスラーフスキーの崇拝者となるであらう。これは免れ難いことである。現代の革新的事業は古代と今日との結合から生れ出るものであつて、昨日は全然否定される。ところが歌舞伎は日本にとつては昨日である。従つて新日本劇の創立者は当然歌舞伎の敵でなければならない。

三、新日本劇の創立者は、同時にまた歌舞伎の創立者名古屋山三郎の如く、戯曲家でもあらう。勿論偉大なる新戯曲家は独立的に現はれる事もできる。彼は恰もロシアのチェーホフのやうに、日本現代の戯曲家となるであらう。彼はチェーホフのやうに、日本の普通の住民を嘲笑し、日本の暗い灰色の日常生活を嘲笑し、光明なる将来の日本を祝福するであらう。彼は今日人類の胸に波打つてゐるすべての偉大なる思想に共鳴するであらう。彼は諷刺家であると同時に幻想家でもあらう。将来の日本劇は斯うした二つの偉大なる性格によつて創立されねばならぬ。

全世界にとつて新日本劇の価値は、日本人自身が考えてゐるよりも遙かに偉大であらう。日本は然し偉大なる演劇文化を有する国として、将来全世界の上に演劇上の覇権を掌握するであらう。それは勿論歌舞伎ではなく、私が以上書いた処の将来の日本劇でなければならない。此処に将来の新しい日本劇の偉大なる価値が存する」

（昇曙夢『ろしや更紗』鎌倉文庫、一九四七年、二七〇―二七一頁）

（14）ただし、このときの『プリンスハーゲン』は、村山自身が「東京では、〔検閲による」さんざんなカットののち、やっと『プリンスハーゲン』の上演が許可された」（前掲『新劇の四〇年』一二四頁）と書いているように、村山たちの意図が十分に反映されたものではなかったことも記しておきたい。

（15）永田靖＋上田洋子＋内田健介編『歌舞伎と革命ロシア――一九二八年左団次一座訪ソ公演と日露演劇交流』森話社、二〇一七年、三〇二―三〇四頁、大隈俊雄編『市川左團次歌舞伎紀行』平凡社、一九二九年、二二一―二二五頁、二三一―二三四頁、二四〇―二四七頁などを参照。

（16）尾瀬敬止『新露西亜画観』アルス、一九三〇年、一三九―一四一頁。秋田雨雀『秋田雨雀日記』第二巻、未来社、一九六五年、五一頁。また小山内薫の訪露に関しては曽田秀彦「モスクワの冬　一九二七年――小山内薫の第二次外遊」『大正演劇研究』明治大学大正演劇研究会、一九九八年を参照。

（17）РГАЛИ, ф. 963, оп. 1, ед. хр. 1134, л. 1-2. なお、この講演の邦訳には、内田健介「翻訳解題　メイエルホリド劇場での小山内薫の講演記録（1927）」『千葉大学人文社会科学研究』第三〇号、千葉大学大学院人文社会科学研究所、二〇一五年がある。

（18）尾瀬敬止『新露西亜画観』、一四一頁。

（19）РГАЛИ, ф. 963, оп, ед. хр. 1134, л. 1-2.

（20）尾瀬敬止『新露西亜画観』、一四一頁。

（21）РГАЛИ, ф. 963, оп. 1, ед. хр. 1184, л. 12-19.

（22）*Карл Гагеман.* Игры народов. Япония. Выпуск II. Л., 1925. ドイツ語の原書は一九一九年に出版。

（23）*Конрад Н.* «Театр Кабуки» // Театральный Октябрь: Сборник 1. М., 1926.

（24）ガウズネルは次のように述べている。

「一、お能はかかとの踊り。これはヨーロッパがの古典ダンスがつま先で踊るのと逆。お能の踊り手はかかとを軸にして、足をねじって回転する。足の裏全体を使ってすり足を行う。その際、かかとは床から離れない。この踊りの技術は非現実的な印象、上演のお伽噺的な雰囲気を生み出し、お能のお伽噺としての筋に完全に合致している。踊り手の足の裏が見えないと、彼は歩いているのではなく空中をさまよっているように思える。二、二つ目はより議論を呼び起こすものだ。お能の技術は四面を観客に囲まれた演劇の技術である。実際その起源には、観客はお能の舞台を取り囲んでいた。俳優をあらゆる方向の観客に見せなければならなかった」（РГАЛИ, ф. 963, оп. 1, ед. хр. 1184, л. 12-13）

（25）本書七七―七八頁。

（26）目次では「現代ロシアの演劇」だが、本文では「歌舞伎化してゆく現代ロシアの演劇」となっている。吉田好正訳、『芝居とキネマ』第四巻第十二号、大阪毎日新聞社、一九二七年。

（27）杉本良吉、高橋健二『現代演劇論』天人社、一九三〇年、五三―六六頁。

（28）拙論「モスクワの佐野碩」、菅孝行編『佐野碩―人と仕事 1905-1966』藤原書店、二〇一五年を参照。

（29）本書四八頁および一四一頁を参照。

（30）«Дело № 537» // Огонек. №15. М., Апрель 1989. С. 10-12.

（31）二十世紀の前半、こうしたレコードは大量に世界中に出回っていたため、お土産として各国の首都で簡単に見つけることができた。*Шерель А.* «Радиовещание 1920-1930-х годов : к проблеме взаимного влияния немецкой и русской аудиокультур» // Советская власть и медиа: Сб. статей / Под ред. Х. Гюнтера и С. Хэнсген. СПб., 2006. С. 106 を参照。

（32）*Л-ин Б.* «Путешествие в Японию» // Говорит Москва. №30. М., 1930. С. 13.

（33）*Гарин Э.* С Мейерхольдом: Воспоминания. М., 1974. С. 220.

(34) *Гарин Э.* С Мейерхольдом. С. 220.
(35) *Гарин* Э. С Мейерхольдом. С. 220.
(36) *Солев Вл.* Вокруг радиопьесы «Япония» // Кино. 1930. 27 ноября.
(37) *Шерель А.* Аудиокультура XX века. История, эстетические закономерности, особенности влияния на аудиторию. М., 2004. С. 335.
(38) Ученик чародея. Книга об Эрасте Гарине. Сост. А. Хржановский. М., 2004. С. 151.
(39) Ученик чародея. С. 152.
(40) 「歌舞伎とロシア演劇座談会」『ソヴェート芸術』ソヴェート演劇号／四月特輯号、日露芸術協会、一九二九年、八四頁。なお、このときの二人の出会いに関して、宮本百合子も長篇小説『道標』で記している（『宮本百合子全集』第七巻、新日本出版社、一九八〇年、三七三―三七六頁）。
(41) *Шерель А.* Аудиокультура XX века. С. 335.
(42) *Рудницкий К.* Режиссер Мейерхольд. М., 1969. С. 267.
(43) *Руднева Л.* «В лаборатории артиста» // Ученик чародея. Книга об Эрасте Гарине. С. 286.
(44) *Руднева Л.* «В лаборатории артиста». С. 290.

（45）日本語には『切腹した参謀たちは生きている』が翻訳されている（長谷川蟻訳、晩聲社、一九七六年）。なお一九五二年にも高木秀人訳で同作が翻訳されているが、こちらは抄訳である。
（46）この出来事に関しては、本田丈太郎『「ロシア・モダニズム」を生きる』成文社、二〇一四年、一四三―一五七頁等で詳しく触れられている。
（47）小山内薫「モスコオの若い劇作家其他」『月刊創作』三月号、文藝春秋社、一九二八年、一一三頁。
（48）日本語では、アレクサンドル・クラーノフ『東京を愛したスパイたち 1907-1985』村野克明訳、藤原書店、二〇一七年の第三章に、日本でのロマン・キムの生活が詳述されている。
（49）「ロマン・キムさんと最初の職場」、岡田嘉子『心に残る人びと』早川書房、一九八三年、二一一―二二一頁を参照。
（50）*Просветов И.* «Крестный отец» Штирлица. M., 2015.
（51）*Куланов А.* Роман Ким. M., 2016.
（52）ロマン・キムと大竹博吉の交流に関して、ロマン・キム自身は大竹の死後に文章を寄稿している。ロマン・N・キム「大竹博吉同志についての追憶」、大竹博吉『遺

稿と追憶』大竹会、一九六一年、二五七―二六二頁参照。

（53）丸山政男「大竹博吉氏を想う」『窓』ナウカ社、一九七二年（No. 2）、三五頁。

（54）丸山政男、同前。

（55）拙訳、ナタリヤ・セムペル＝ソコロヴァ「夢見る顔と向かい合って――土方与志の思い出（一九三三―一九三七年）」『文芸研究』一四五号、明治大学文学部紀要、二〇二一年、五七頁。

（56）*Куланов А.* Роман Ким. С. 224.

（57）*Просветов И.* «Крестный отец» Штирлица. С. 108-109 および *Куланов А.* Роман Ким. С. 195 を参照。

（58）*Куланов А.* Роман Ким. С. 195.

（59）РГАЛИ, Ф. 1604, оп. 1, ед. хр. 1037, л. 82. A・クラーノフによれば、三人の女性教師というのも、おそらくは内務人民委員によって事前に選ばれた人物であったという（*Куланов А.* Роман Ким. С. 195）。なお、山本懸蔵は一九三七年十一月にスパイ容疑で逮捕、一九三九年三月十日に銃殺された。これは野坂参三の密告によるものだということが、ソ連崩壊後に公開された文書によって明らかになっている（この経緯に関しては、小林峻一＋加藤昭『闇の男――野坂参三の百年』文藝春秋、一九九三年を参照）。

(60) РГАЛИ, Ф. 1604, оп. 1, ед. хр. 1036, л. 118.

(61) РГАЛИ, Ф. 1604, оп. 1, ед. хр. 1036, л. 104.

(62) *Цвиров А*. «Три жизни Окада Ёсико» // Япония сегодня. №4. М., 1995. С. 20.

(63) *Цвиров А*. «Три жизни Окада Ёсико». С. 20.

(64) *Громова Н*. Узел. Поэты. С. 109.

(65) *Куланов А*. Роман Ким. С. 195.

訳者あとがき

グリゴーリー・ガウズネルのことを知ったのは、モスクワの演劇大学に留学していたときだったと思う。二〇一一年か二〇一二年頃、本業のロシア演劇史研究のかたわら、時間のあるときに日露演劇交流史を調べていたら、メイエルホリド劇場にいたガウズネルが日本を訪れ、旅行記を出版していることを知った。それから、ガウズネルの本をロシア国立図書館でコピーし、時間のあるときに、モスクワのロシア文学芸術文書館でアーカイヴ資料に目を通した。

原著の実物は、メールを遡ってみると、二〇一三年一月にインターネットで注文し、モスクワ中心部にあるノヴォクズネツカヤ駅の古本屋に受け取りにいったらしい。劣化したボロボロの背表紙が瀬戸際で表紙をささえていたが、まもなくして剥がれ落ちた。そのあと、安いセロハンテープで大雑把に修繕（?）し、日本に持ち帰った。

それからずいぶんと時間が経った。この間、ロシアは二〇一四年にクリミアを一方的に併合し、二〇二二年二月二十四日にはウクライナ侵攻を開始した。日本とロシアを結んでいた飛行機の直行便は運行を取りやめ、日露文化交流という観点からも、いま現在、二つの国の距離はあまりに遠くなっているように感じる。

歴史を研究していると、どうしても大きな出来事にばかり目が向く。ガウズネルの時代をロシア史で見れば、一九〇四年の日露戦争、一九一四年の第一次世界大戦、一九一七年のロシア革命、一九二二年にソヴィエト連邦が成立した。それから、レーニンが没し、スターリンが政権を掌握し、第二次世界大戦へと突入していく。演劇史では、一八九八年にスタニスラフスキーがネミロヴィチ＝ダンチェンコとともにモスクワ芸術座を設立、自然主義演劇を完成させていく。アヴァンギャルド演劇の旗手メイエルホリドはそれに反旗をひるがえし、政治の革命になぞらえた「演劇の十月」を標榜し、先鋭的な演劇を打ち出し、世界演劇の最前線に躍りでる。一九三四年には第一回全ソ作家大会で「社会主義リアリズム」が倣うべき公式の創作方法として掲げられて教条化、一九三七年にはスターリンによる大粛清の時代をむかえ、メイエルホリドは一九四〇年に銃殺に処される。

このように年表で把握できる歴史の背後には、当然ながら、そこに生きた一人ひとりが存在している。彼らが個人として体験した（非）日常は、そうした大きな流れのなかに書き込まれることはない。ガウズネルもまた、ロシア演劇史あるいは日露文化交流史という観点から見た場合、決して中心に立つ人物ではないだろう。当時の日本人たちにとっても、「メイエルホリドの劇場から来たロシア人」と、興味の関心はガウズネルを通り過ぎてメイエルホリドにあることが本書の記述からも読みとれる。

それでも、あるいはだからこそ、ぼくはガウズネルの記述に惹かれてしまう。

本書に記されているガウズネルの吉田に対する信頼は、ぼくたち読者にとってガウズネルへの信頼にかわる。いけすかない記者モリタの通訳をする吉田。「彼はこうこうこう言っているが、嘘だ」と言う吉田。この「嘘だ」と口にするぶっきらぼうで不機嫌そうな吉田の態度こそが、ガウズネル個人の大切な記憶なのだろう。そのように、ひとりの若者が馴染みない極東の国をめぐり、日本人たちと交流する様子からは、小さな個人の声がたしかに聴こえてくる。そうした声が、大きな歴史のなかでささやかに響いていたことを教えてくれる。

ロシアがウクライナに侵攻している二〇二三年現在も、このような声はたしかに存在しているはずだ。歴史的な出来事のどこかで発せられた、発せられている個別具体的な誰かの声に耳をすませる。本書がそうしたきっかけのひとつになってくれたらとても嬉しい。

翻訳にあたっては、たくさんの人たちにお世話になった。とりわけ、早稲田大学文学学術院の八木君人さんには、翻訳や解説の執筆にさいして、さまざまな助言をいただいた。ここに記して御礼申し上げる。

ガウズネルの本の意義をみとめ、企画を拾い上げてくださった共和国の下平尾直さんには、感謝の言葉もない。原稿の提出が遅れ、大変なご迷惑をおかけした。新宿の喫茶店で下平尾さんと本書の出版の話をしてから、もう何年経っただろう。その間に、出版社共和国からは、魅力的な本が次々と出版されてきた。今回そのラインナップに遅ればせながら参加することができて安堵している。

伊藤愉

二〇二三年六月　小石川にて

グリゴーリー・ガウズネル

Григорий Осипович Гаузнер

1906 年 11 月 1 日、モルドヴァ共和国キシナウに生まれ、1934 年 9 月 4 日、アブハジア共和国ガグラに没する。作家、詩人。モスクワのブリューソフ文学芸術大学を卒業後、1925 年、構成主義文学センターに参加。国立メイエルホリド劇場演出部に所属する。

著書に、『見知らぬ日本』（本書、1929）、『非日常を探し求めた九年間』（未邦訳、1934）、共著に、『スターリン記念　白海・バルト海運河——建設史 1931-1934』（同、1934）がある。

伊藤 愉

ITO Masaru

一九八二年、京都府に生まれる。一橋大学大学院言語社会研究科博士課程単位取得退学。現在は、明治大学文学部専任講師。専攻は、ロシア演劇史、日露文化交流史。

共著に、永田靖他編『歌舞伎と革命ロシア——一九二八年左団次一座訪ソ公演と日露演劇交流』（森話社、二〇一七）、菅孝行編『佐野碩　人と仕事　1905-1966』（藤原書店、二〇一五）など。翻訳に、キャサリン・ブリス・イートン『メイエルホリドとブレヒトの演劇』（谷川道子との共編訳、玉川大学出版部、二〇一六）などがある。

二〇二三年七月一五日印刷
二〇二三年七月二五日発行

見知らぬ日本

著者……グリゴーリー・ガウズネル
訳者……伊《い》藤《とう》 愉《まさる》
発行者……下平尾 直
発行所……株式会社 共和国
東京都東久留米市本町三-九-一-五〇三 郵便番号二〇三-〇〇五三
電話・ファクシミリ 〇四二-四二〇-九九九七
郵便振替〇〇一二〇-八-三六〇一九六 http://www.ed-republica.com
印刷……モリモト印刷
ブックデザイン……宗利淳一

IBN978-4-907986-87-2 C0098